职业院校活页式系列教材

秘书通识教育

主　编　肖云林　王少芬
副主编　黄金敏　周君明　黄　杏
编　委　高　音　郑陵红　张云婷　田　密
　　　　李永思　全　艳　殷　英　罗菲菲

北京理工大学出版社
BEIJING INSTITUTE OF TECHNOLOGY PRESS

版权专有　侵权必究

图书在版编目（CIP）数据

秘书通识教育 / 肖云林，王少芬主编 . —北京：北京理工大学出版社，2021.5
ISBN 978-7-5682-9813-1

Ⅰ.①秘…　Ⅱ.①肖…②王…　Ⅲ.①秘书学—高等学校—教材　Ⅳ.① C931.46

中国版本图书馆 CIP 数据核字（2021）第 084852 号

出版发行 / 北京理工大学出版社有限责任公司	
社　　址 / 北京市海淀区中关村南大街5号	
邮　　编 / 100081	
电　　话 /（010）68914775（总编室）	
（010）82562903（教材售后服务热线）	
（010）68948351（其他图书服务热线）	
网　　址 / http://www.bitpress.com.cn	
经　　销 / 全国各地新华书店	
印　　刷 / 河北盛世彩捷印刷有限公司	
开　　本 / 787毫米 × 1092毫米　1/16	
印　　张 / 15	责任编辑 / 李　薇
字　　数 / 235千字	文案编辑 / 李　薇
版　　次 / 2021年5月第1版　2021年5月第1次印刷	责任校对 / 周瑞红
定　　价 / 49.80元	责任印制 / 施胜娟

图书出现印装质量问题，请拨打售后服务热线，本社负责调换

前 言

中国目前还没有一部秘书通识教材，荆州职业技术学院是中国秘书通识教育的倡导者、标准制定者，有基础和能力成为中国首部秘书通识教育教材的研制者。兰州大学举办的《秘书之友》2017年第8期《专业跨界与通识教育并重的秘书人才培养——文秘专业建设的荆州职业技术学院模式》专文介绍荆州职业技术学院秘书通识教育。

教材第一主持人是中国高等教育学会秘书学专业委员会副理事长、教育部教育教指委文秘专委会副主任委员，两大机构均高度关注、全力支持"秘书通识教育"课程建设。

教材研制团队共有4名行企代表，其中第二主编王少芬为祥达集团常务副总裁，分管公司行政事务、人力资源等；第三副主编黄杏为松滋市人民医院副院长，均具有丰富的办公室行政管理经验和良好的文字表达能力。殷英、罗菲菲均为企业现职秘书。

自2014年秋季学期以来，秘书通识教育课程一直在荆州职业技术学院实践。研究论文《技术技能人才培养中的秘书通识教育》获中国高教秘书学会2016年度学术论文全国一等奖。2017年11月12日，教材研制团队开通《秘书通识》微信订阅号。与教材研制直接关联的研究成果《通识教育背景下文秘类课程的创新与探索研究》获批教育部教育教指2018年重点课题（2018WMKT05）并顺利结题，结题等次优秀。

荆州职业技术学院秘书通识教育教材研制团队研究形成全国高校秘书技能大赛标准，已连续6年运用于全国竞赛。课程活页式教材的编写是对现有研究基础的系统梳理和创新展示。

《秘书通识教育》聚焦办公室行政管理基本能力，主要适用于高校非秘书学、非文秘类专业以外的全部学生，也可以广泛应用于各类社会组织的员工培训和全民终身学习。

教材以"秘书通识教育"课程内容为依据，具体分为八个项目，分别是形象礼仪、秘书思维、综合表达、办公技术、秘书办会、文书档案、事务服务、应急管理等，涵盖了办公室行政管理的主要方面。每个项目设计了场景化教学模块，并以真实秘书工作任务的完成，作为考核评价标准。其特点有：

1. 教材选题新颖。国内目前没有相关研究，本书是国内第一部秘书通识教材，同时能覆盖非秘书学、文秘类专业，学生受益面广。研究成果可以通过线上学习的方式覆盖社会培训学员；研究成果由于通过课程标准、教材及微课群等教学资源库表现，相对易于推广。

2. 教材内容标准。教材内容对接职业工作需求和场景，八个项目相对固定，各院校、各专业可以进行相应增减、柔性组合。

3. 教材资源完整。本教材建设项目是教育部职业教育文秘专业教学资源库建设的重点课程，已开发微课、动画、视频等系统的配套线上资源，辅助工具丰富，有助于教学实施。

4. 校企合作组团。教材研制团队由3个单位合作完成，学校和企业合作组建双主编。学校参与人员均有秘书工作经历，其中2名成员有企业秘书工作经历；4名成员为企事业单位现职分管秘书工作或在职秘书人员。

目 录

项目一　形象礼仪 1
　　任务一　职业形象 1
　　任务二　职场礼仪 11

项目二　秘书思维 25
　　任务一　同步思维 25
　　任务二　异步思维 31

项目三　综合表达 41
　　任务一　口语表达 41
　　任务二　书面表达 55

项目四　办公技术 69
　　任务一　汉字书写 69
　　任务二　文件制作 79
　　任务三　办公软件 89

项目五　秘书办会 103
　　任务一　会前准备 103
　　任务二　会中服务 113
　　任务三　会议善后 123

项目六　文书档案 133
　　任务一　文书工作 133
　　任务二　档案保管及利用 147

项目七　事务服务 157
　　任务一　日常事务 157
　　任务二　安全管理 175

项目八　应急管理 ··· 185
任务一　舆情应对 ··· 185
任务二　危机处理 ··· 207

后　记 ··· 229

"秘书通识教育"课程标准 ··· 231

参考文献 ··· 234

项目一

形象礼仪

任务一　职业形象

素质目标

- 逐步培养学生对办公室行政管理能力的认同。
- 逐步培养学生审美能力。

知识目标

- 熟悉秘书职业形象的主要内容和标准。
- 掌握秘书职场仪容仪表的基本规范和注意事项。
- 掌握秘书职场个人形象的着装技巧和基本原则。

技能目标

- 能够熟练进行职场个人的面部基本化妆操作。
- 能够在不同场合合理搭配职场个人服饰。
- 能够掌握职场坐姿、站姿、蹲姿的基本要领,维护个人形象。

秘言秘语

职业形象的重要性

职业形象是指个人在职场公众面前树立的印象，具体包括外在形象、品德修养、专业能力和知识结构四大方面。其是通过个人的衣着打扮、言谈举止反映出你的专业态度、技术和技能等。职业形象要达到的标准：与个人职业气质相契合、与个人年龄相契合、与办公室风格相契合、与工作特点相契合、与行业要求相契合。

职业形象是个人职业气质的符号，对职业成功具有重大意义。秘书这个职业日益趋向普遍化和社会化。根据"秘书的工作内容：文书管理、文书拟写、文书制作、档案管理、会议管理、调查研究、信息工作、接待工作、日程安排、事务工作、印章管理、值班工作12项"和"秘书工作的转变：办文办事向既办文办事又出谋划策转变、单纯的收发传递信息转变为综合处理信息、经验办事向科学管理转变、被动服务变为主动服务"，可以看出秘书的工作越来越重要，秘书工作涉及的内容也越来越广泛，对秘书工作的要求也越来越高。随之，秘书人员的形象也越来越重要，对秘书人员形象的设计的要求也越来越高。

任务1-1-1　仪容仪表

项目名称	任务清单内容
任务情境	你作为A公司特别代表领队，赴B公司洽谈合作业务，需要你单独拜见B公司董事长转达A公司董事长的谢意，又要与B公司团队洽谈合作方案，维护A公司形象与实际利益。在两个不同场合和气氛下，你该从哪些方面注意自身仪容仪表。
任务目标	认知职业形象的重要性，掌握个人形象设计基本要领。
任务要求	结合职场不同场合特点，完成下列任务： 1.了解职场形象礼仪的主要目的。 2.掌握职场形象包含的主要内容。
任务思考	1.职场形象礼仪的原则与作用是什么？ 2.头部、面部、双手仪容的基本要求有哪些？ 3.着装、鞋袜、首饰仪表的基本要求有哪些？ 4.站姿、坐姿、蹲姿仪态的基本要求有哪些？

项目名称	任务清单内容
任务实施	1.情景模拟：两位同学在咖啡厅见面，商谈业务工作。 寻找模拟同学仪容仪表上的不足。 探讨职场形象仪容仪表的主要观测点。 2.角色扮演：教师示范职场人员工作中站姿、坐姿和蹲姿。 探讨职场男女不同仪态的注意事项。 演示职场不同仪态的训练方法。
任务总结	通过完成以上任务，你学到了哪些知识或技能？
实施人员	
任务点评	

【画龙点睛】从微观上讲，仪容仪表体现的是个人形象，是自尊自爱的表现；从宏观上讲，仪容仪表是公司形象的标志，是公司文明服务水平和管理水平的体现；从客观上讲，仪容仪表反映的是新时代公民的精神面貌和服务修养。

【做中学】请归纳职场形象仪容、仪表、仪态的规范要领和注意事项，并填入表1-1-1中。

表1-1-1 职场形象仪容、仪表、仪态的规范要领和注意事项

内容	规范要领	注意事项
仪容		
仪表		
仪态		

【秘书锦囊】扫码线上学习任务1-1-1的相关知识。

秘书锦囊（任务1-1-1）

【秘书小贴士】古人曰："礼出于俗，俗化为礼"。从先秦周公的"制礼作乐"、北京人的"老礼儿"，到五讲四美、各行业的服务规范，都包含了仪容仪表、言行举止、为人处事等内容。

活页笔记

任务1-1-2　着装技巧

项目名称	任务清单内容
任务情境	下周二，某公司将举行成立60周年庆典仪式，你作为公司总裁的秘书，总裁安排你去机场迎接董事长夫人，并全程陪同董事长夫人参加庆典仪式、参观公司展览馆和答谢晚宴。在整个过程中，你需要准备几套服饰，有哪些注意事项？
任务目标	认知着装技巧的重要性，掌握职场着装的基本要求。
任务要求	结合职场不同场合特点，完成下列任务： 1.掌握职场服装的功能和原则。 2.掌握不同性别服装选择的主要技巧。
任务思考	1.职场服装的主要功能与选择原则是什么？ 2.男士西装着装的礼仪规范有哪些？ 3.女士西装、套裙着装的礼仪规范有哪些？

项目名称	任务清单内容
任务实施	1.头脑风暴：着装的功能与原则是什么？ 体现职业和身份的着装有哪些？ 体现企业文化的着装有哪些？ 2.样品展示：男士、女士西装的主要观测细节。 职场男士西装的主要组成部分及配饰有哪些？ 职场女士西装、套裙的主要组成部分及配饰有哪些？
任务总结	通过完成以上任务，你学到了哪些知识或技能？
实施人员	
任务点评	

【画龙点睛】在互联网全媒体时代，人人都是小喇叭，处处都有摄像头。每一位职场人士，都有必要注重自己的职场视觉形象和职业着装品味，以便进一步提高自己的媒介素养。

【做中学】请归纳职场男女西装着装的规范要领和注意事项，并填入表1-1-2中。

表1-1-2 职场形象之男女西装着装技巧的规范要领和注意事项

内容	规范要领	注意事项
男士西装		
女士西装、套裙		

【秘书锦囊】扫码线上学习任务1-1-2的相关知识。

秘书锦囊（任务1-1-2）

【秘书小贴士】正所谓"人靠衣装，佛靠金装""三分长相，七分打扮"，细节决定成败。

活页笔记

任务二　职场礼仪

素质目标

- 培养学生对中华传统文化中礼仪文化的认同。
- 培养学生重视礼仪的意识。

知识目标

- 熟悉职场礼仪的主要内容和标准。
- 掌握职场接待、座次、商务礼仪的基本规范和注意事项。

技能目标

- 能够规范运用打招呼、握手、接听电话、上下电梯、名片传递等礼仪。
- 能够规范安排商务会议、签字、乘车、宴请等座次。
- 能够准确把握商务庆典、会谈等礼仪细节。

秘言秘语

职场礼仪的重要性

礼仪是普通人修身养性、持家立业的基础，而职场礼仪的重要性从某种意义上讲，比智慧和学识都重要。

在市场经济条件下，商品的竞争就是服务的竞争。怎样把客户服务放在首位，最大限度地为客户提供规范化、人性化的服务，以满足客户需求，是现代企业面临的最大挑战。对于窗口行业的工作人员来说，如果做好服务工作，不仅需要职业技能，还需要懂得礼仪规范：热情周到的态度、敏锐的观察能力、良好的口语表达能力及灵活、规范的事件处理能力。掌握必要的职场礼仪必定会让人在职场中更上一层楼。

心理学家指出，我们在别人心目中的印象，一般在15秒内形成。那么，那些15秒的礼仪你做到了吗？在现代生活中，人们的相互关系错综复杂，在平静中会突然发生冲突，甚至采取极端行为。礼仪有利于促使冲突各方保持冷静，缓解已经激化的矛盾。如果人们都能够自觉主动地遵守礼仪规范，按照礼仪规范约束自己，就容易使人际间情感得以沟通，建立起相互尊重、彼此信任、友好合作的关系，进而有利于各种事业的发展。

因此，职场礼仪是企业形象、文化、员工修养素质的综合体现，我们只有做好应有的职场礼仪才能为企业在形象塑造、文化表达上提升到一个满意的地位。

任务1-2-1　接待礼仪

项目名称	任务清单内容
任务情境	你作为分公司经理助理,分公司经理安排你去迎接总公司新任总监一行三人来分公司视察工作,来的三人你都不认识,初次见面的招呼礼仪、握手礼仪、电梯礼仪、名片礼仪等,你该提前做哪些功课呢?
任务目标	认知职场礼仪的重要性,掌握接待礼仪的规范要领。
任务要求	结合职场不同场合特点,完成下列任务: 1.了解职场礼仪的主要内容。 2.掌握职场礼仪的规范要领。
任务思考	1.职场接待的主要礼仪规范有哪些? 2.职场宴请的主要礼仪规范有哪些? 3.职场接待的不规范礼仪可能导致的结果是什么? 4.职场宴请礼仪的主要注意事项有哪些?

项目名称	任务清单内容
任务实施	1.情景模拟：两位同学初次见面的打招呼、握手、互递名片。 探讨模拟同学三个接待礼仪上的主要不足。 演练职场握手礼仪规范。 2.角色扮演：学生演示电话邀请企业嘉宾就餐。 探讨扮演学生宴请过程中的主要不足。 探讨职场宴请对方的主要准备工作内容。
任务总结	通过完成以上任务，你学到了哪些知识或技能？
实施人员	
任务点评	

【画龙点睛】职场礼仪，是指人们在职业场所中应当遵循的一系列礼仪规范。职业形象包括内在的和外在的两种主要因素。而每一个职场人都需要有树立并维护自我职业形象的意识。

【做中学】请归纳职场礼仪接待中的规范要领和注意事项，并填写入表1-2-1中。

表1-2-1　职场礼仪接待中的规范要领和注意事项

内容	规范要领	注意事项
见面礼仪		
握手礼仪		
名片礼仪		
电话礼仪		
电梯礼仪		
宴请礼仪		

【秘书锦囊】扫码线上学习任务1-2-1的相关知识。

秘书锦囊（任务1-2-1）

【秘书小贴士】礼仪既是一种待人接物的行为规范，也是交往的艺术。它是人们在社会交往中由于受历史传统、风俗习惯、宗教信仰、时代潮流等因素而形成，既为人们所认同，又为人们所遵守，是以建立和谐关系为目的的各种符合交往要求的行为准则和规范的综合。

活页笔记

任务1-2-2 座次礼仪

项目名称	任务清单内容
任务情境	你作为市场部经理秘书，市场部经理安排你去机场接待合作公司代表5人参加商务签约仪式。公司安排7座商务轿车，含专职司机1人，你该如何安排合作公司代表乘坐？签约仪式需要有主席台和签字席，主席台共7人，本公司4人，合作公司3人，你又该如何安排座次？
任务目标	认知座次安排的重要性，掌握座次礼仪的规范要领。
任务要求	结合职场不同场合特点，完成下列任务： 1.掌握职场座次安排的主要原则。 2.掌握商务会议主席台摆放的物品。
任务思考	1.商务会议主席台就座人员奇数和偶数座次安排的不同点有哪些？ 2.商务洽谈对象为上级、平级座次安排的规则有哪些？ 3.交通乘车为主人驾车或专职司机驾车座次安排的特点是什么？ 4.合作签字的主方和客方的位置区别有哪些？

项目名称	任务清单内容
任务实施	1.案例讲解：主席台就座人员奇偶不同的座次安排。 探讨主席台座次安排的主要原则。 讲解国家领导人主席台就座典型案例。 2.错题解析：交通乘车座次错误案例解析。 不同类型车辆（小轿车、商务车、中巴车）座次错误找茬。 开车人员不同（主人和专职司机）座次错误找茬。
任务总结	通过完成以上任务，你学到了哪些知识或技能？
实施人员	
任务点评	

【画龙点睛】会议座次安排的基本原则主要包括：以右为上（遵循国际惯例）、居中为上（中央高于两侧）、前排为上（适用所有场合）、以远为上（远离房门为上）、面门为上（良好视野为上）。

【做中学】请归纳职场礼仪座次中的规范要领和注意事项，并填入表1-2-2中。

表1-2-2　职场礼仪座次中的规范要领和注意事项

内容	规范要领	注意事项
商务会议		
商务洽谈		
交通乘车		
合作签约		

【秘书锦囊】扫码线上学习任务1-2-2的相关知识。

秘书锦囊（任务1-2-2）

【秘书小贴士】官高为尊居上位，官低为卑处下位。秦汉时代古人尚右，以右为尊，"左迁"即表示贬官。《廉颇蔺相如列传》："以相如功大，拜为上卿，位在廉颇之右。"

活页笔记

任务1-2-3　商务礼仪

项目名称	任务清单内容
任务情境	某公司项目竣工举行商务剪彩仪式，你作为公司总经理秘书，安排筹划组织仪式过程，包括剪彩会场布置、人员邀请、礼品设置、活动议程等内容，你该如何准备？
任务目标	认知商务庆典规范礼仪的重要性，掌握具体活动的工作流程。
任务要求	结合职场不同场合特点，完成下列任务： 1.了解开业典礼和剪彩之间的区别。 2.掌握职场商务庆典包含的主要内容。
任务思考	1.商务开业典礼的礼仪规范有哪些？ 2.商务剪彩的礼仪规范有哪些？ 3.商务交接的礼仪规范有哪些？ 4.业务洽谈前的准备主要有哪些内容？

项目名称	任务清单内容
任务实施	1.头脑风暴：商务活动的主要类型。 探讨不同商务活动流程的主要差别。 探讨商务开业和商务剪彩的主要场合。 2.案例讲解：商务交接的主要流程。 某公司项目工程建设完成交接的主要观测点。 某公司重要设备完工交接的主要流程。
任务总结	通过完成以上任务，你学到了哪些知识或技能？
实施人员	
任务点评	

【画龙点睛】商务礼仪的作用有内强素质，外强形象。其主要包括提高个人的素质、有助于建立良好的人际沟通、维护个人和企业形象。

【做中学】请归纳职场礼仪商务中的主要流程和注意事项，并填入表1-2-3中。

表1-2-3 职场礼仪商务中的主要流程和注意事项

内容	主要流程	注意事项
商务开业		
商务剪彩		
商务交接		
商务签约		

【秘书锦囊】扫码线上学习任务1-2-3的相关知识。

秘书锦囊（任务1-2-3）

【秘书小贴士】晕轮效应又称光环效应、成见效应，是指在人际相互作用过程中形成的一种夸大的社会印象，正如日、月的光辉，在云雾的作用下扩大到四周，形成过一种光环作用。常表现在一个人对另一个人（或事物）的最初印象决定了他的总体看法，而看不准对方的真实品质，形成一种好的或坏的"成见"。

项目二

秘书思维

任务一　同步思维

素质目标

- 通过引导学生移动思考视角培养多思善谋的敬业精神。
- 逐步培养学生辅助优化决策能力。
- 培养秘书职业认同感和服务意识。

知识目标

- 熟悉同步思维的内容及在秘书工作中的特点。
- 熟悉同步思维在秘书工作中的应用要求。
- 掌握秘书同步思维要把握的环节。
- 掌握秘书同步思维应满足的前提条件。

技能目标

- 能够将同步思维方法内化于心、外化于行。
- 能够在不同场合运用同步思维方法处理问题。

秘言秘语

思维与领导同步是做好秘书工作的基本要求

想在职业生涯有所发展，成功的领导就是最好的导师，一定要尽量跟上他们的思维，尝试用他们的思维方式来看问题。

习近平总书记在考察中央办公厅时说："要围绕大局出谋划策、贡献智慧，'身在兵位，胸为帅谋'，多出大主意、好主意"。

法国拿破仑说过："不想当将军的士兵不是好士兵"，这与"身在兵位，胸为帅谋"的说法不谋而合，一名普通士兵也可以像将军甚至元帅那样来考虑战略问题。

我国历史上不乏"身在兵位，胸为帅谋"的典型事例。北宋时期，范仲淹在任大理寺丞（宋初为寄禄官，后为正八品职事官）时，位卑言轻的他就给垂帘听政的章献太后和宋仁宗呈上了一份《奏上时务书》，提出救文弊以厚风俗、整武备以御外患、重馆选以养人才、赏台谏以开言路等建议。后来，他虽经三次贬谪，仍多次忠言进谏。

大数据时代、"互联网+"时代的到来，面对人工智能的冲击，秘书工作的转型提质刻不容缓，当务之急莫过于抢占思维的制高点、最优点，即"小幕僚"要与"大掌门"思考同步。格局改变、境界改变，工作绩效也会跟着变。思领导之所思，谋领导之所谋，不再是一句空话。

任务 2-1-1　认识同步思维

项目名称	任务清单内容
任务情境	4月30日，天地集团公司决定派10个人5月1日晚上出发赶去青岛参加一个展会。根据公司规定，去青岛只能坐火车，但必须保证出行人员晚上休息好，这样第二天到青岛就可以开展工作。第二天一大早，公司派人去火车站买车票，发现火车票卖完了。
任务目标	认知同步思维的重要性，掌握同步思维的方法。
任务要求	请你根据任务情境，通过自主学习，完成下列任务： 1.熟悉同步思维情境演示背景资料。 2.编写同步思维情境模拟展示方案。 3.总结方案存在的问题并予以修改。
任务思考	1.同步思维的概念。 2.同步思维在秘书工作中的特点。 3.同步思维在秘书工作中的意义。 4.秘书同步思维应满足的前提条件。

项目名称	任务清单内容
任务实施	1.情景模拟：4月30日，天地集团公司决定派10个人五一节晚上赶去青岛参加一个展会。根据公司规定，去青岛只能坐火车，但必须保证出行人员晚上休息好，这样第二天到青岛就可以开展工作。第二天一大早，公司派人去火车站买车票，发现火车票卖完了。 如果你是公司办公室马秘书，请你提供方案供领导选择。 2.头脑风暴：请谈谈你对"想领导所想，做领导所做，思领导所需"的理解。 3.案例讲解：讲解案例中的人物运用同步思维的背景、过程和效果。 4.做一做：编写3个同步思维的秘书工作案例。
任务总结	通过完成以上任务，你学到了哪些知识或技能？
实施人员	
任务点评	

【画龙点睛】思维与领导同步不等于唯上是从，随声附和。不少秘书习惯于单一的"工具型"思维，"传声筒"和"录音带"式的照抄照搬。这种单线思维方式带来了循规蹈矩、谨慎有余而创造不足的心理状态。一个好的参谋助手，不应是"司令员"的附属和影子，而应有自己的独立见解或独到的认识。

【做中学】请对比分析同步思维和单线思维的特点，并填入表2-1-1中。

表2-1-1　同步思维和单线思维的特点比较

同步思维的特点	单线思维的特点

【秘书锦囊】扫码线上学习任务2-1-1的相关知识。

秘书锦囊（任务2-1-1）

【秘书小贴士】《秘书工作》杂志2014年第6期摘发习近平总书记《办公厅工作要做到"五个坚持"》一文。文中习近平对做好新形势下中央办公厅工作提出了总体要求。写道："要围绕大局出谋划策、贡献智慧，'身在兵位，胸为帅谋'，……多出大主意、好主意"。

活页笔记

任务二　异步思维

素质目标

- 通过引导学生移动思考视角培养多思善谋的敬业精神。
- 逐步培养学生辅助优化决策能力。
- 培养秘书职业认同感和服务意识。

知识目标

- 熟悉异步思维的内容及在秘书工作中的特点。
- 熟悉异步思维在秘书工作中的应用要求。
- 掌握秘书的异步思维要把握的环节。
- 掌握秘书的异步思维应满足的前提条件。

技能目标

- 能够将异步思维方法内化于心、外化于行。
- 能够在不同场合运用异步思维方法处理问题。

秘言秘语

同异互补是秘书工作发挥参谋作用的新要求

秘书只有与领导异步思维，才能有效地在决策前收集处理有价值的信息资料，拟定各种建议方案；决策后参与督促检查，综合协调，收集反馈，起到优化决策的作用。

《古今图书集成·兵略部》中写道：先谋后事者昌，先事后谋者亡。凡事未雨绸缪，就容易取得成功。

毛泽东在1959年3月的郑州会议上，曾比较三国时期几个重要人物。他认为曹操"见事早、得计早"，实力因而不断壮大；刘备也很厉害，却稍逊一筹，"事情出来了，不能一眼看出就抓到，慢一点"；袁绍则根本就是"见事迟、得计迟"，终归失败。

老子《道德经》第64章写道："民之从事，常于几成而败之。慎终如始，则无败事。有始有终，方得始终。"

大数据时代、"互联网+"时代的到来，面对人工智能的冲击，秘书工作的转型提质刻不容缓，只有顺应潮流大势，朝着主动服务、超前服务转变，才能成为一个与时俱进的秘书。

任务 2-2-1　异步思维之超前思维

项目名称	任务清单内容
任务情境	天地集团公司因自有运输工具陈旧、完好率低，严重影响了效益的提高和企业的发展。
任务目标	认知超前思维的重要性，掌握超前思维的方法。
任务要求	请你根据任务情境，通过自主学习，完成下列任务： 1.熟悉超前思维情境演示背景资料。 2.编写超前思维情境模拟展示方案。 3.总结方案存在的问题并予以修改。
任务思考	1.超前思维的概念及在秘书工作中的特点。 2.超前思维在秘书工作中的意义。 3.秘书超前思维要把握的环节。 4.秘书超前思维应满足的前提条件。

项目名称	任务清单内容
任务实施	1.情景模拟：天地集团公司因自有运输工具陈旧、完好率低，严重影响了效益的提高和企业的发展。 　　如果你是公司办公室马秘书，请在领导着手思考解决这一事关重大经济问题的情况前，查找资料分析研究，提出设想，并撰写分析报告和方案。 2.头脑风暴：请谈谈你对"凡事预则立，不预则废""人无远虑必有近忧"的理解。 3.案例讲解：讲解案例中的人物运用超前思维的背景、过程和效果。 4.做一做：编写3个超前思维的秘书工作案例。
任务总结	通过完成以上任务，你学到了哪些知识或技能？
实施人员	
任务点评	

【画龙点睛】秘书工作的超前思维应表现在对领导还未交办的问题主动探索，而不是临渴掘井。为此，要增强工作的预见性，不满足于机械服从、被动服务，而能够根据当前的形势对未来形势的变化做出合理的预测，以应对可能出现的突发事件，并及早做好准备，使工作有条不紊、得心应手。

【做中学】请对比分析超前思维和预见性思维的特点，并填入表2-2中。

表2-2-1　超前思维和预见性思维的特点比较

超前思维的特点	预见性思维的特点

【秘书锦囊】扫码线上学习任务2-2-1的相关知识。

秘书锦囊（任务2-2-1）

【秘书小贴士】《左传·襄公十一年》："居安思危，思则有备，有备无患。"朱柏庐《治家格言》也写道："宜未雨而绸缪，毋临渴而掘井"。这两句话皆强调未雨绸缪的重要性。

活页笔记

任务 2-2-2　异步思维之继后思维

项目名称	任务清单内容
任务情境	一段时间以来，天地集团公司的一些会议决定迟迟得不到落实，有的部门因对领导处理问题持有异议，故意将会议决定拖延。这使领导非常挠头。
任务目标	认知继后思维的重要性，掌握继后思维的方法。
任务要求	请你根据任务情境，通过自主学习，完成下列任务： 1. 熟悉继后思维情境演示背景资料。 2. 编写继后思维情境模拟展示方案。 3. 总结方案存在的问题并予以修改。
任务思考	1. 继后思维的概念及在秘书工作中的特点。 2. 继后思维在秘书工作中的意义。 3. 秘书继后思维要把握的环节。 4. 秘书继后思维应满足的前提条件。

项目名称	任务清单内容
任务实施	1.情景模拟：一段时间以来，天地集团公司的一些会议决定迟迟得不到落实，有的部门因对领导处理问题持有异议，故意将会议决定拖延，这使领导非常挠头。 　　如果你是公司办公室马秘书，请思考解决此种被动状况的具体措施，从而让会议决定得以贯彻。 2.头脑风暴：请谈谈你对"凡事有交代,件件有着落,事事有回音"的理解。 3.案例讲解：讲解案例中的人物运用继后思维的背景、过程和效果。 4.做一做：编写3个继后思维的秘书工作案例。
任务总结	通过完成以上任务，你学到了哪些知识或技能？
实施人员	
任务点评	

【画龙点睛】秘书和领导思维的异步互补，本质上要求秘书从不同角度发挥参谋作用。秘书和领导思维是一种建立在共同目标基础上的互补，同中存异，异中寓同。秘书和领导的同步思维与异步思维存在的前提是思维目的的一致性。两者的关系是相互依存、互相作用的对立统一。

【做中学】请分析同步思维和异步思维的区别与联系，并填入表2-2-2中。

表2-2-2　同步思维和异步思维的区别与联系

内容	同步思维	异步思维
区别		
联系		

【秘书锦囊】扫码线上学习任务2-2-2的相关知识。

秘书锦囊（任务2-2-2）

【秘书小贴士】《礼记·大学》："物有本末，事有终始，知所先后，则近道矣。"《墨子·修身》也写道："事无终始，无务多业；举物而暗，无务博闻。"这两句话皆强调有始有终的重要性。

项目三

综合表达

任务一 口语表达

素质目标

- 能够应对常见的沟通场景。
- 熟练使用普通话交流。
- 基本掌握对话核心和技巧。

◆ 知识目标

- 了解普通话基本技巧。
- 基本消除沟通中的主要障碍。
- 了解沟通的核心和技巧。
- 理解并运用各种倾听和表达的技巧。

◆ 技能目标

- 熟练使用普通话。
- 在大多数沟通场景中可以应对自如。
- 充分掌握控制情绪能力及对话核心。
- 能够游刃有余应对各种"沟通难题"。

秘言秘语

职业沟通的重要性

狮子和老虎之间爆发了一场激烈的冲突，到最后，两败俱伤。狮子快要断气时，对老虎说："如果不是你非要抢我的地盘，我们也不会弄成现在这样。"老虎吃惊地说："我从未想过要抢你的地盘，我一直以为是你要侵略我。"

两个人的沟通，70%是情绪，30%是内容，情绪不对，内容就会被扭曲。在我们的日常沟通中，误解是常态，理解是幸运。

在生活中，有过多少次曾让我们后悔的关键对话？在我们求职面试的时候，在我们与客户沟通的时候，在我们与恋人交谈的时候，在我们向上司汇报工作的时候……有多少的矛盾与误会是因为我们"不会沟通"？有多少的悲伤与痛苦就是因为我们"不会沟通"？

在日益加剧的职场竞争环境中，沟通技巧甚至比工作技能、工作经历和特定学历要重要一些，沟通技巧可以帮助我们获得更高的薪资。因为在工作中出色的沟通技巧，不仅可以带来良好的人际关系，还可以帮助我们更高效地完成任务目标。

任务3-1-1　说好普通话

项目名称	任务清单内容
任务情境	不论是职场交流，还是电话沟通，有声语言是我们的一张交际名片，我们要说好普通话，学会用普通话熟练地进行自我介绍，让沟通交流更顺畅。秘书小王代表天地集团公司去A公司洽谈公司营销活动租借场地等相关事宜，他该如何用普通话做自我介绍？
任务目标	认知普通话，熟练使用普通话交流。
任务要求	请你根据任务情境，完成以下任务： 1.了解普通话和北京话的异同。 2.掌握普通话的练习方法。
任务思考	1.普通话语音与发声的特点。 2.普通话常见发音难点辨析。 3.朗读说话基本要求。 4.自我介绍的基本技巧。

项目名称	任务清单内容
任务实施	1.小测试：普通话语音、词汇和语法的特点。 明确普通话和北京话的异同。 2.情景模拟：普通话水平测试的四大题型。 模拟测试辨析普通话的水平。 3.语音基础：普通话练习从绕口令开始。 掌握普通话语音练习的基本方法，辨析普通话发音，进行难点针对性练习。 4.角色扮演：请用普通话做自我介绍。
任务总结	通过完成上述任务，你学到了哪些知识或技能？
实施人员	
任务点评	

【画龙点睛】能说一口标准流利的普通话是每个职场人应该具备的一种基本素质。普通话也是我们进行人际交往不可缺少的语言工具。不管在什么岗位，从事什么职业，我们都要说好普通话。

【做中学】请归纳出普通话发音难点，并填入表3-1-1中。

表3-1-1 普通话发音难点辨析一览表

序号	普通话发音难点	普通话难点辨析
1	zh、ch、sh与z、c、s混淆的情况	
2	r、l、y混淆的情况	
3	f与h混淆的情况	
4	n与l混淆的情况	
5	韵母中i、u、ü的归音和发音	
6	前后鼻韵母发音技巧	
7	轻声与儿化	

【秘书锦囊】扫码线上学习任务3-1-1的相关知识。

秘书锦囊（任务3-1-1）

【秘书小贴士】秦统一中原后，秦始皇下令进行文字的整理、统一工作，完成了"书同文"。此语的最早出处是东周春秋时期的《礼记·中庸》："今天下，车同轨，书同文，行同伦"。当今国家提出，"书同文，语同音，人同心"，国家通用语言文字是普通话和规范汉字，目前已经初步实现。

活页笔记

任务3-1-2 沟通原则与误区

项目名称	任务清单内容
任务情境	天地集团公司近期有一个非常重要的设备采购项目,朱总经理交代马秘书,让马秘书和采购部的陈经理进行沟通协调,完善具体的采购方案。
任务目标	认知职业沟通的重要性,掌握沟通的原则与误区。
任务要求	结合职场不同场合特点,完成下列任务: 1.了解职场沟通的原则与误区。 2.怎样在沟通中守住自己的沟通目标?
任务思考	1.什么是沟通?沟通的重要性有哪些? 2.沟通的原则有哪些? 3.沟通中容易产生什么误区? 4.怎样在沟通中守住自己的目标?

项目名称	任务清单内容
任务实施	1.情景模拟：假设你和另一个同事负责同一个项目，然后你发现他在某个地方出了差错。那么，你会怎么对他说？ A.我可能说得不对，不过，我还是想说…… B.我有留意到项目里一个错误，想和你讨论一下…… C.你知道自己犯了一个错误吗？ 探讨为什么在沟通中会出现目标偏离的问题？ 2.情景模拟：和领导汇报工作进展，并寻求相关支持。 总结良好沟通的原则。
任务总结	通过完成以上任务，你学到了哪些知识或技能？
实施人员	
任务点评	

【画龙点睛】职场沟通要注意：第一，要仔细想想自己处在什么场合中，不同的场合对于沟通的要求是不一样的。比如在公司、聚会、会议室等不同场合，应采用不同的沟通方式。第二，沟通的对象也决定了沟通的语言和形式。比如与同事、朋友、亲戚、领导、客户、邻居、陌生人等沟通时，就应根据对象的不同改变沟通方式。

【做中学】请归纳职场沟通的原则和误区，并填入表3-1-2中。

表3-1-2 职场沟通的原则和误区

沟通场景	原则	误区
向上沟通		
向下沟通		
同事沟通		
商务洽谈		

【秘书锦囊】扫码线上学习任务3-1-2的相关知识。

秘书锦囊（任务3-1-2）

【秘书小贴士】《夜航船卷四·考古部·辨疑》：甘罗十二为丞相，古今大误。史记云：甘罗事吕不韦。秦欲使张唐使燕，唐不肯行。罗说而行之，乃使罗于赵。赵王郊迎，割五城以事秦。罗还报秦，封为上卿，不曾为丞相。相秦者是甘罗之祖甘茂。封罗后，遂以茂之田宅赐之。

活页笔记

任务3-1-3 沟通能力的培养

项目名称	任务清单内容
任务情境	假如你是天地集团公司的朱总经理，你们公司经过长期的讨论，制定了一份详细的战略规划。现在董事局要求你向下安排工作，并传达公司股东的指导意见和想法。
任务目标	掌握沟通脉络图，熟悉沟通要素。
任务要求	结合职场不同场合特点，完成下列任务： 1.了解单向与双向、正式与非正式的沟通渠道，了解不同渠道下的沟通特点和注意事项。 2.掌握沟通脉络图，了解沟通的要素。
任务思考	1.什么是单向沟通与双向沟通？什么是正式沟通与非正式沟通？ 2.影响口头沟通的因素有哪些？ 3.沟通的要素有什么？ 4.打电话沟通的标准应该是什么？

项目名称	任务清单内容
任务实施	1.在一个组织里，有多种沟通方式，下面就是某企业进行沟通的方式：董事长—总裁—生产部经理—组长—员工。 上述沟通方式属于哪种沟通方式？为什么？ 2.案例分析：假如你是天地集团公司的朱总经理，你们公司经过长期的讨论，制定了一份详细的战略规划。现在董事局要求你向下安排工作，并传达公司股东的指导意见和想法。于是，你让马秘书起草了一份会议通知文件，在这份文件上列出了会议所需要讨论事项的会议议程，并以书面的形式通知各部门的经理参加会议，旨在传达董事局和公司股东的意见和想法，并向他们传达公司的战略规划，要求各部门经理回去召开会议，向各部门员工传达相应的指导思想。你本以为自己可以高枕无忧了，但在后期公司运营过程中，你发现下属的某些工作方向出现了问题，与你之前向各部门经理传达的工作有偏差。 （1）什么是口头沟通？本案例涉及的是哪种口头沟通方式？ （2）常见的口头沟通方式有哪些？ （3）在本案例中，你认为可能是哪种因素影响了你与下属之间的沟通？ 3.情景模拟：作为一名总经理的秘书，你应该如何接听电话？又该如何打电话？
任务总结	通过完成以上任务，你学到了哪些知识或技能？
实施人员	
任务点评	

【画龙点睛】组织好自己的语言再说话，同时要确保你的听众能够听清楚。不要中断当前的对话而转向另一个人，这会降低沟通效率。要注意搜集听众的反馈，确保你所讲话的含义被正确理解。不要在听众面前过分夸奖自己。

【做中学】请试着自己画沟通脉络图，如图3-1-1所示。

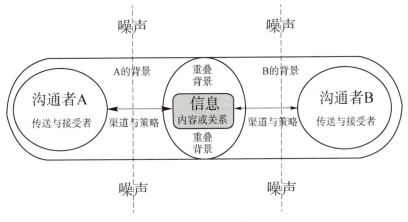

图3-1-1　沟通脉络图

【秘书锦囊】扫码线上学习任务3-1-3的相关知识。

秘书锦囊（任务3-1-3）

【秘书小贴士】德摩斯梯尼（前384—前322年）古雅典雄辩家、民主派政治家。德摩斯梯尼天生口吃，嗓音微弱，还有耸肩的坏习惯。德摩斯梯尼以口含小石子等方法一直刻苦练习演说近10年，终于成为一位出色的演说家。他的著名的政治演说为他建立了不朽的声誉，他的演说词结集出版，成为古代雄辩术的典范。

活页笔记

任务二　书面表达

素质目标

- 通过遣词造句培养学生字斟句酌的工匠精神。
- 逐步培养学生写作思维与审美能力。

知识目标

- 掌握常见应用文写作的主要内容和标准。
- 掌握新媒体写作的主要内容和标准。

技能目标

- 具备与岗位要求基本匹配的应用文写作思维。
- 熟练撰写证书、会议记录、会议纪要、通知、请示、报告、讲话稿、简报。
- 结合新媒体特点，熟练选择主题、写作推文。

秘言秘语

具备写作思维且会写应用文是职场的基本功

具备写作思维,而且能够写应用文是职场的基本功,不具备这一方面能力或者这一方面能力不强的人,其职业发展或多或少会受到很大限制。

叶圣陶说:"大学毕业生不一定能写小说诗歌,但是一定要能写工作和学习中实用的文章,而且非写得既通顺又扎实不可。"

哈佛大学对于全部本科专业的学生选修课的唯一例外规定的课程就是:英语写作。

清华大学2018年开始,在游泳课后新增必修课:写作与沟通。课程由校长邱勇亲自推动,中文系教授刘勇(格非)、历史系教授彭刚担任课程负责人,聚焦非文学写作;由25名教师组成课程教学团队,采取15人小班教学。

做会议记录与工作方案是有效的培养应用文写作入门级能力的途径,无论所学为何种专业,通过行之有效的训练,是可以形成与岗位要求基本匹配的应用文写作思维,达到基本的应对工作需要的应用文写作能力标准。

在重视传统应用文写作训练的同时,由于自媒体时代的到来,每一个管理者不得不需要构建新媒体写作能力框架。目前,会熟练运用新媒体,还是职场的加分项。

任务 3-2-1　写作思维

项目名称	任务清单内容
任务情境	位于甲地的天地集团公司欲在乙开发区建立一个新的企业，而乙开发区所在的丙市落实新发展理念，对于新落户企业设立有一定要求，主要是创新、环保等领域。
任务目标	认知写作思维，特别是应用文写作思维；熟练运用应用文写作的用户思维、底线思维和系统思维。
任务要求	结合不同的工作需要，完成下列任务： 1.如何从战略上架构完整的一篇应用文？ 2.应用文写作时，如何有效防范法律、政策风险？ 3.应用文如何更有效实现预设目标？
任务思考	1.如何培养应用文写作的用户思维、底线思维和系统思维？ 2.写好应用文的关键点有哪些？ 3.应用文的语言要求有哪些？

项目名称	任务清单内容
任务实施	天地集团公司提交给乙开发区的相关应用文应当体现哪些方面？如果天地集团公司还希望丙市给予一定的技能人才保障，应当如何表达为妥？
任务总结	通过完成以上任务，你认为如何在应用文写作中落实用户思维、底线思维和系统思维？
实施人员	
任务点评	

【画龙点睛】应用文写作一定是具有预设目标的，因此，达成预设目标是检验应用文写作成败的核心，而提高应用文写作的有效性，落实用户思维、底线思维和系统思维是必不可少的要求。

【做中学】请归纳写作思维的规范要领和注意事项，并填入表3-2-1中。

表3-2-1　写作思维的规范要领和注意事项

内容	规范要领	注意事项
用户思维		
底线思维		
系统思维		

【秘书锦囊】扫码线上学习任务3-2-1的相关知识。

秘书锦囊（任务3-2-1）

【秘书小贴士】《增广贤文》之五百二十四："一字入公门，九牛拖不出；理字不多大，千人抬不动。"对于严谨的应用文写作而言，坚持问题导向、结果导向，持有应用文是写给别人看的理念，方可有效实现应用文的写作目标。

活页笔记

任务 3-2-2　应用文写作

项目名称	任务清单内容
任务情境	新冠肺炎疫情下的天地集团公司2020年员工零感染，第二季度实现销售正增长，全年上缴税收较上年增加10%，新吸纳就业35人。总经理办公室决定在2021年4月28日召开年度劳模表彰会议，参加人员为集团公司子公司、分公司部门副职及以上管理人员、受表彰对象，地点在集团公司会堂。
任务目标	认知最常见的应用文写作技巧，掌握应用文写作的基本要求。
任务要求	结合不同的工作需要，完成下列任务： 1.准确选择文种。 2.有效写好应用文。
任务思考	1.证书的写作标准与写作技巧有哪些？ 2.会议记录的标准与技巧有哪些？ 3.会议纪要的写作标准与技巧有哪些？ 4.通知的写作标准与技巧有哪些？ 5.请示的写作标准与技巧有哪些？ 6.报告的写作标准与技巧有哪些？ 7.讲话稿的写作标准与技巧有哪些？ 8.简报的写作标准与技巧有哪些？

项目名称	任务清单内容
任务实施	假设你是公司办公室朱主任，需要完成召开劳模表彰会的总经理办公会议记录、会议纪要，需要向企业所在的区疫情防控指挥部提交请示，经过批准后，发布会议通知，会前还需要制作劳模证书，为董事长撰写讲话稿，会议结束后发一期会议简报，向区疫情防控指挥部提交一份报告。
任务总结	通过完成以上任务，归纳撰写证书、会议记录、会议纪要、通知、请示、报告、讲话稿、简报的心得。
实施人员	
任务点评	

【画龙点睛】应用文注重行文的规范，聚焦解决实际问题。应用文文字上强调精准，内容上强调严谨，表述上强调简约。

【做中学】请归纳应用文写作的规范要领和注意事项，并填入表3-2-2中。

表3-2-2　应用文写作的规范要领和注意事项

内容	规范要领	注意事项
证书		
会议记录		
会议纪要		
通知		
请示		
报告		
讲话稿		
简报		

【秘书锦囊】扫码线上学习任务3-2-2的相关知识。

秘书锦囊（任务3-2-2）

【秘书小贴士】曹雪芹（清）为宁府上房撰联"世事洞明皆学问，人情练达即文章"。《警世通言·卷十二》也写道："话须通俗方传远，语必关风始动人"。这两句话皆表明洞明世事、通俗表达之要。

活页笔记

任务 3-2-3　新媒体写作

项目名称	任务清单内容
任务情境	以班级、寝室为团队，申请一个微信号，每周至少发布一篇推文，其中第一篇推文为对微信号的推介。
任务目标	认知新媒体写作，掌握新媒体写作的基本要求。
任务要求	结合不同的新媒体写作的特点，完成下列任务： 1.会选主题。 2.会写正文。
任务思考	1.新媒体写作"开门见山、新言新语、犹抱琵琶"三种主题选择方法的主要不同点是什么？ 2.新媒体写作"简约写作、以数为据、图文并茂"三种正文写作方法的主要不同点是什么？

项目名称	任务清单内容
任务实施	创造性设计第一篇对微信号进行推介的推文。
任务总结	通过完成以上任务,你学到了哪些知识或技能?
实施人员	
任务点评	

【画龙点睛】融媒体时代，我们必须习惯在聚光灯下工作、学习与生活，我们必须高度重视新变化带给行政管理工作的巨大冲击。为了以变应变，我们必须善待新变化、善用新工具。

【做中学】请归纳新媒体写作的规范要领和注意事项，并填入表3-2-3中。

表3-2-3　新媒体写作的规范要领和注意事项

内容	规范要领	注意事项
选主题		
写正文		

【秘书锦囊】扫码线上学习任务3-2-3的相关知识。

秘书锦囊（任务3-2-3）

【秘书小贴士】2019年1月25日，中共中央政治局就全媒体时代和媒体融合发展举行第十二次集体学习后，习近平说："全媒体不断发展，出现了全程媒体、全息媒体、全员媒体、全效媒体，信息无处不在、无所不及、无人不用，导致舆论生态、媒体格局、传播方式发生深刻变化，新闻舆论工作面临新的挑战。"

项目四

办公技术

任务一 汉字书写

素质目标

- 培养学生对中国传统文化的兴趣,增强写好中国文字的责任感。
- 通过汉字书写和书法欣赏,提高学生的文化素质和美学素养。
- 培养学生观察能力、归纳能力和模仿能力。

知识目标

- 熟悉汉字书写要领。
- 掌握汉字基本规范。
- 掌握汉字基本笔画名称。
- 掌握汉字间架结构种类。

技能目标

- 掌握正确的写字姿势和执笔姿势。
- 掌握汉字基本笔画的书写。
- 掌握汉字间架结构不同种类的书写。

秘言秘语

献之学书法

王献之七八岁时始学书法,师承父亲。有一次,王羲之看献之正聚精会神地练习书法,便悄悄走到背后,突然伸手去抽王献之手中的毛笔,献之握笔很牢,没被抽掉。王羲之夸赞他:"此儿后当复有大名。"

十来岁时,他自认为字写得不错了。一天,他去问父亲:"我的字再练三年就够好了吧?"王羲之笑而不答,母亲摇着头说:"远着呢!"献之又问:"那,那五年呢?"母亲仍旧摇着头,献之急着追问:"那究竟多少年才能练好字呢?"又问道:"父亲,大家都说您的字写得好,那有什么秘诀?"王羲之看看儿子,心想这书法没有扎实的基本功,怎么可能入人眼目呢,于是他走到窗前,指着院内的一排大缸说:"你呀,写完那十八口大缸水,字才有骨架子,才能站稳腿呢!"王献之听了心里很不服气,暗自下决心要显点本领给父母看。

于是他天天按父亲的要求,先从基本笔画练起,苦苦练了五年。一天,他捧着自己的"心血"作品给父亲看。王羲之没有作声,翻阅后,见其中的"大"字架势上紧下松,便提笔在下面加一点,成了"太"字,然后把字稿全部退还给献之,小献之心中有点不是滋味,又将全部习字抱给母亲看。母亲仔细地揣摩,许久才叹了口气说:"我儿字写了千日,惟有一点似羲之。"献之走近一看,惊呆了!原来母亲指的这一点正是王羲之在大字下面加的那一点!献之满脸羞愧,自感写字功底差远了,便一头扑进书房,天天研墨挥毫,刻苦临习。聪明的王献之深深地体会到写字没有捷径,只有"勤"字。

不知又经过了多少个日日夜夜,他的书法大有长进。后来终于成为举世闻名的书法家,与父齐名,并称"二王"。

任务 4-1-1　汉字书写基本规范

项目名称	任务清单内容
任务情境	在信息技术现代化背景下，电脑、手机办公虽是常态，但职场仍然离不开汉字书写这一重要的办公、交流方式。做记录、签意见、个人签名，如"天书"般谁都不认识，必然会给领导和同事留下不良印象。要掌握规范、正确练习、持之以恒、长期坚持，才能写得一手好字。
任务目标	了解写好汉字的作用，掌握书写汉字的准备材料、正确姿势和练习方法；掌握国家有关部门对汉字的笔形、字体、笔数、结构、笔顺等方面的规范。
任务要求	根据国家关于汉字基本规范，完成下列任务： 1.了解写好中国汉字的好处。 2.掌握正确写字姿势和执笔方法。 3.了解练习规范汉字书写的方法。 4.了解国家对汉字的基本规范。
任务思考	1.写好中国汉字的好处有哪些？ 2.正确写字姿势（含执笔）的基本要求有哪些？ 3.国家对汉字哪几方面做了明确的规范？

项目名称	任务清单内容
任务实施	1.课堂讨论：教师介绍写好汉字的益处后，提出问题。 讨论中国汉字的起源及发展，写好中国汉字的好处。 2.角色扮演：同桌相互示范写字姿势和执笔姿势。 指出同桌示范中存在哪些问题？ 3.头脑风暴：汉字基本笔画和偏旁部首。 汉字的基本笔画有哪些？ 汉字的偏旁部首你知道多少？ 哪些汉字容易"发倒笔"？
任务总结	通过完成上述任务，你学到了哪些知识和技能？
实施人员	
任务点评	

【画龙点睛】秘书人员写一手好字也是核心竞争力。掌握汉字书写规范，可以让你远离尴尬、愤懑甚至嘲笑。只有按照科学有效的练习方法，持之以恒坚持不懈，才能达到预期的目标。

【做中学】请归纳汉字书写姿势、执笔姿势等规范要领和注意事项，并填入表4-1-1中。

表4-1-1　汉字书写姿势、执笔姿势等规范要领和注意事项

内容	规范要领	注意事项
书写姿势		
执笔姿势		
笔顺规范		
偏旁部首		

【秘书锦囊】扫码线上学习任务4-1-1的相关知识。

秘书锦囊（任务4-1-1）

【秘书小贴士】苏轼说："书必有神、气、骨、肉、血，五者阙一，不为成书也。"字的筋、骨、血、肉，体现作者的基本功力；字的精、神、气、脉则反映作者的修养素质。字，就是书写人的意志、情趣和追求。

活页笔记

任务4-1-2　科学训练汉字书写

项目名称	任务清单内容
任务情境	职场中能写一手好字，对求职、升职都有益处，在工作能力、经验阅历等条件相当的情况下，能写一手好字的机会更大！掌握汉字笔画和间架结构基本规律，科学训练规范汉字书写，才能打造职场"新名片"。
任务目标	掌握汉字基本笔画名称及正确写法；掌握汉字间架结构的种类及书写规则。
任务要求	根据基本笔画和间架结构知识，完成下列任务： 1.掌握汉字基本笔画名称及书写形状。 2.掌握汉字间架结构的种类。 3.掌握汉字间架结构的书写规则。
任务思考	1."永字八法"涉及的基本笔画有哪些？ 2."永字八法"衍变而成的复合笔画有哪些？ 3.规范汉字结构的三个原理是什么？ 4.汉字间架结构的分类及书写规律有哪些？

项目名称	任务清单内容
任务实施	1.技能演示：教师演示"永字八法"，讲解基本笔画及衍生笔画。 说一说"永字八法"涉及的基本笔画。 讨论"永字八法"衍变而成的复合笔画。 2.头脑风暴：课前上网收集"黄自元间架结构九十二法"，分析与任务内容有何区别？ 讨论汉字间架结构分类与特征。 3.技能竞赛：同桌比赛写出不同的笔画和汉字，相互找茬，点评不足。 （1）斜撇、竖撇、短撇和平撇的区别是什么？ （2）左右结构与上下结构的书写规律有哪些？ （3）半包围结构的种类与书写规律有哪些？
任务总结	通过完成上述任务，你学到了哪些知识和技能？
实施人员	
任务点评	

【画龙点睛】"好的结构可以弥补笔法上的不足",汉字结构是空间造型能力的展示,是书写风格的主要体现。从结构入手,可以快速提升书写水平,培养书写兴趣,从而取得事半功倍的效果。

【做中学】请归纳汉字基本笔画和间架结构规范要领和注意事项,并填入表4-1-2中。

表4-1-2　汉字基本笔画和间架结构规范要领和注意事项

内容	规范要领	注意事项
基本笔画		
间架结构		

【秘书锦囊】扫码线上学习任务4-1-2的相关知识。

秘书锦囊(任务4-1-2)

【秘书小贴士】笔画的"三原则"——起笔、行笔、收笔;笔法"四度"——入纸角度、提按力度、笔画弧度、行笔速度。

活页笔记

任务二　文件制作

素质目标

- 培养学生规范意识，提高公文制作能力。
- 培养学生法律意识，合理使用党政机关公文。
- 培养学生文秘素养，掌握常见公文的制发能力。

知识目标

- 熟悉党政机关公文规范标准与格式。
- 掌握党政机关公文范围、术语、版面要求和特定格式。
- 掌握文件制作的种类、行文规则、文件起草与制发。

技能目标

- 能够熟练进行党政机关公文的格式排版。
- 能够进行常见文件制作的标题拟定。
- 能够进行文件制作中的制发常见问题纠正。

秘言秘语

公文的主要作用

常说的公文一般指党政机关公文。党政机关公文是党政机关实施领导、履行职能、处理公务的具有特定效力和规范体式的文书，是传达贯彻党和国家方针政策，公布法规和规章，指导、布置和商洽工作，请示和答复问题，报告、通报和交流情况等的重要工具。

为提高党政机关公文的规范化、标准化水平，2012年6月29日，国家质量监督检验检疫总局、国家标准化管理委员会发布了《党政机关公文格式》国家标准（GB/T 9704—2012）。该标准于2012年7月1日起正式实施。此标准是对国标《国家行政机关公文格式》（GB/T 9704—1999）的修订。

《党政机关公文格式》国家标准（GB/T 9704—2012）按照《党政机关公文处理工作条例》的有关规定，结合这些年来党政机关公文格式的实际应用，对公文用纸、印刷装订、格式要素、式样等作出了具体规定。

其他机关和单位的公文可以参照执行。

任务 4-2-1　公文规范

项目名称	任务清单内容
任务情境	你作为公司总部行政秘书，公司年会需要表彰一批先进工作者，使用哪种公文比较合适？版面格式该如何设置？面向范围和版头该如何设置？
任务目标	认知公文规范的重要性，掌握常见公文的基本标准。
任务要求	结合职场不同场合特点，完成下列任务： 1.掌握职场公文的主要类型。 2.掌握职场常见公文的排版制作要求。
任务思考	1.职场公文的使用范围是什么？ 2.常见公文的版面格式要求有哪些？ 3.常见公文的版头、主体、特定格式有哪些？

项目名称	任务清单内容
任务实施	1.火眼金睛：查找常见公文中的错误。 通过典型案例，请同学查找常见公文的错误点。 结合错误点，阐述常见公文的规定格式要求。 2.头脑风暴：常见公文的种类。 探讨职场中常见公文的种类有哪些？ 探讨职场中常见公文的法律规范。
任务总结	通过完成以上任务，你学到了哪些知识或技能？
实施人员	
任务点评	

【画龙点睛】《党政机关公文格式》（BG/T 9704—2012）规定了国家行政机关公文通用的纸张要求、印刷要求、公文中各要素排列顺序和标识规则。

【做中学】请归纳职场常见公文的主要格式和注意事项，并填入表4-2-1中。

表4-2-1　职场常见公文的主要格式和注意事项

内容	主要格式	注意事项
版面要求		
排版规格		
版头		
主体		

【秘书锦囊】扫码线上学习任务4-2-1的相关知识。

秘书锦囊（任务4-2-1）

【秘书小贴士】孟子曰："离娄之明，公输子之巧，不以规矩，不能成方圆；师旷之聪，不以六律，不能正五音；尧舜之道，不以仁政，不能平治天下。今有仁心仁闻而民不被其泽，不可法于后世者，不行先王之道也。故曰，徒善不足以为政，徒法不能以自行。"

活页笔记

任务4-2-2 文件制作

项目名称	任务清单内容
任务情境	你作为公司行政秘书，领导安排你向当地政府住建委申报某合作基地建设项目，你该使用哪种公文？标题、抬头、落款应该如何写？具体申报基础、优势、政府支持等又该如何写？
任务目标	认知文件制作的重要性，掌握常见公文制作的基本方法。
任务要求	结合职场不同场合特点，完成下列任务： 1.掌握职场常见公文的种类与范围。 2.掌握职场常见公文写作的基本方法。
任务思考	1.职场公文的行文规则有哪些？ 2.怎么拟定职场公文的标题？ 3.公文的"七子"写作法是什么？ 4.公文制发中常见的问题有哪些？

项目名称	任务清单内容
任务实施	1.头脑风暴：职场常见公文的种类与用途。 企业上级的请示、报告，企业之间的通知、公报有哪些要求？ 企业内部形成的批复、议案、纪要有哪些要求？ 2.案例解析：常见公文制发与主要问题。 常见公文制发的基本流程是什么？ 常见公文制发的主要易出错地方有哪些？
任务总结	通过完成以上任务，你学到了哪些知识或技能？
实施人员	
任务点评	

【画龙点睛】从公文的角度来看，按行文方向划分，可分为：上行文、下行文、平行文；按时限要求划分，可分为特急公文、加急公文、常规公文；按涉密程度划分，可分为绝密公文、机密公文、秘密公文和普通公文。

【做中学】请归纳职场常见公文制作的主要内容和注意事项，并填入表4-2-2中。

表4-2-2　职场常见公文制作的主要内容和注意事项

类别	主要内容	注意事项
公文种类		
标题类型		
结构层次		
常见问题		

【秘书锦囊】扫码线上学习任务4-2-2的相关知识。

秘书锦囊（任务4-2-2）

【秘书小贴士】技术规范是标准文件的一种形式，是规定产品、过程或服务应满足技术要求的文件。它可以是一项标准（即技术标准）、一项标准的一部分或一项标准的独立部分。其强制性弱于标准。当这些技术规范在法律上被确认后，就成为技术法规。

活页笔记

任务三　办公软件

素质目标

- 能够进一步对办公软件的操作界面的特点形成认识，体会技术的迭代之美。
- 培养学生独立思考和在实践中不断总结和反思的学习习惯。

知识目标

- 能够描述办公软件的功能和特点。
- 通过参与探究学习，熟悉文字处理软件（Word为例）、数据表格软件（Excel为例）、演示软件（PowerPoint为例）等软件的基本常识。

技能目标

- 能够对办公软件的功能进行归纳小结。
- 熟练掌握办公软件的操作技巧。

秘言秘语

作为一名职场新人,你是否感觉到自己每天那么拼命加班加点,工作却少有成效,为什么?因为你不善用工具。如今是信息化时代,我们每天要处理的事情杂而多,如果不懂得使用办公软件的话注定是要遭到淘汰的。学习实用办公软件不仅可以提高工作效率,还能在无形之中减轻负担。

我相信只要是在职场工作过的人,应该对Microsoft Office不陌生吧!这是一款集合了多种强大功能的办公软件,是我们工作中不可缺少的工具。而在这里面经常被用到的是Word、Excel、PowerPoint等。其中,Word用于文字处理和文档的创建,帮助我们撰写各种文案、文书、论文等。

Excel主要用于数据统计与处理,比如制作出员工薪资表、员工出勤表、员工职位登记表等。只要你懂得使用Excel,这些数据表格的制作都是小菜一碟。

PowerPoint则是超级棒的文稿演示工具,俗称为幻灯片,用于各种类型的汇报工作、毕业答辩、产品发布会等,为观众展示出别具一格的在线演示效果。

任务 4-3-1　文档编辑

项目名称	任务清单内容
任务情境	Word 是一款最常用的办公软件。作为一名职场新人，你在使用 Word 时遇到了很多问题，比如对不齐的文本，让人抓狂的自动编号、图片无法控制、标题样式与编号间隔太大等。
任务目标	1. 了解 Word 的基本操作理论知识。 2. 建立 Word 排版的基本工作原则。
任务要求	掌握 Word 排版技术和 Word 内表格、图片等快速处理技术。
任务思考	1. Word 排版是重复性操作吗？ 2. Word 的排版技术有哪些？ 3. Word 排版的原则是什么？ 4. 具体问题具体分析的文档排版技巧。 （1）纯文字类怎样排版？ （2）文表类怎样排版？ （3）图文类怎样排版？

项目名称	任务清单内容
任务实施	1.竖排文字时，如何让英文和数字也纵向显示？ 2.突然断电，文件没保存怎么办？ 3.页眉上的横线怎么删掉？ 4.如何取消自动编号？ 5.如何设置双面打印？ 6.实训操作：制作一个公司宣传彩页。
任务总结	通过完成以上任务，你学到了哪些知识或技能？
实施人员	
任务点评	

【画龙点睛】Microsoft Word 是世界上最流行的文字处理软件。文档的格式要求取决于你所写的文章类型，比如法律文档、正式文件或个人论文。依靠 Microsoft Word 中的工具，你会发现排版也并非难事。如果你是 Microsoft Word 新手，不用担心，很快你也能成为一名排版高手。

【做中学】请填写表 4-3-1 Word 文档基本操作快捷键。

表 4-3-1　Word 文档基本操作快捷键

快捷键	作用	快捷键	作用
	创建空白文档		保存文档
	打印文档		取消上一步操作
	关闭文档		打开 Word 帮助

【秘书锦囊】扫码线上学习任务 4-3-1 的相关知识。

秘书锦囊（任务 4-3-1）

【秘书小贴士】几乎所有人都能在短时间内掌握微软的 Word 和 Excel 软件，这两种办公软件的迅速普及正得益于"简单易用"的构想，但这种构想在 1981 年最初提出时几乎让微软所有的程序员都无从下手，直到"所见既所得"（WYSIWYG）的发明人查尔斯·西蒙尼（Charles Simonyi）找到入手的方向。

活页笔记

任务4-3-2　Excel制作技巧

项目名称	任务清单内容
任务情境	Excel是办公系列软件的一个重要组成部分，主要用于电子表格处理。Excel可以高效完成各种表格和图形设计，进行复杂的数据计算和分析，这些功能大大提高了数据处理的效率。部门经理安排你做一份部门值班表，要求安排小王、小张、小陈三人轮流值班。
任务目标	1. 了解Excel基本操作方法。 2. 掌握提高效率的Excel小技巧。 3. 培养学生使用电子表格的习惯。
任务要求	结合本任务的学习，完成下列任务： 1. 初步了解Excel软件，并制作简单的工作表。 2. 美化工作表。
任务思考	1. Excel的工作界面分布如何？ 2. 如何设置工作簿？ 3. 如何调整单元格大小？ 4. 如何快速填充表格数据？ 5. 如何设置边框线？ 6. 如何快速使用表格样式？ 7. 如何自动套用单元格样式？

项目名称	任务清单内容
任务实施	1. 单元格内如何强制换行？ 2. 如何锁定标题行？ 3. 如何设置在打印时每一页都显示标题？ 4. 如何设置按月填充日期？ 5. 如何防止重复录入数据？ 6. 如何恢复未保存的文件？ 7. 制作一个公司值班表。
任务总结	通过完成以上任务，你学到了哪些知识或技能？
实施人员	
任务点评	

【画龙点睛】在制作公司值班表时，需要认真分析表格的内容，可以做以下分析：

（1）定位分析：直接利用Microsoft Office办公软件系列里的Excel完成，主要涉及的操作有设置文字格式和样式、设置文字的背景样式和边框线、设置表格样式和单元格样式等。

（2）受众分析：公司值班表的对象主要是记录公司需要值班人员的情况，所以内容上要把握全局，详细介绍值班情况并突出主题。

（3）内容分析：公司值班表主要包含日期、地点、值班人员及带班人员。

【做中学】请填写表4-3-2Excel基本操作快捷键。

表4-3-2　Excel基本操作快捷键

快捷键	作用	快捷键	作用
	插入新工作表		移动到工作簿的下一张工作表
	移动到工作簿中的上一张工作表		删除选定单元格
	选定整列		选定整行

【秘书锦囊】扫码线上学习任务4-3-2的相关知识。

秘书锦囊（任务4-3-2）

【秘书小贴士】Excel是第一款允许用户自定义界面的电子制表软件（包括字体、文字属性和单元格格式）。它还引进了"智能重算"和强大的图形功能。

活页笔记

任务4-3-3　PowerPoint制作技巧

项目名称	任务清单内容
任务情境	PowerPoint是一个微软公司的办公程序，可以将文本和图像结合起来进行有魅力的激情演讲。天地集团公司安排你对新员工进行演讲与口才的培训，你需要制作一个幻灯片配合演讲。
任务目标	1. 掌握PowerPoint的使用技巧。 2. 养成PowerPoint制作的良好习惯。
任务要求	通过学习PowerPoint制作技巧，制作一个《演讲与口才实用技巧培训》的PowerPoint。
任务思考	1. PowerPoint制作的最佳流程是什么？ 2. 如何体现你的PowerPoint逻辑内容？ 3. 如何缩短保存时间、提高可撤销步数？ 4. 如何设计图文并茂的PowerPoint？ 5. 如何为PowerPoint设置动画及交互效果？

项目名称	任务清单内容
任务实施	制作一个《演讲与口才实用技巧培训》的PowerPoint。
任务总结	通过完成以上任务，你学到了哪些知识或技能？
实施人员	
任务点评	

【画龙点睛】利用幻灯片来强调你所表达的意思。"当画面出现时，要首先告诉读者他们看到的是什么，然后告诉他们这有多重要。单击下一张幻灯片之前，进行过渡铺垫，再次告诉他们所看到的内容。"

每个办公软件包都有一些新功能，花哨的图形和动画，但要更多地要专注于内容。要确保署名每张图片的所有者是谁，不要使用别人的图片，除非确定有使用权限。

【做中学】请填写表4-3-3 PowerPoint基本操作快捷键。

表4-3-3 PowerPoint基本操作快捷键

快捷键	作用	快捷键	作用
	新建幻灯片		删除选择的幻灯片
	复制选定的幻灯片		隐藏或取消隐藏幻灯片
	新增幻灯片		发布幻灯片

【秘书锦囊】扫码线上学习任务4-3-3的相关知识。

秘书锦囊（任务4-3-3）

【秘书小贴士】PowerPoint之父罗伯特·加斯金斯：人们常常非常错误地使用PowerPoint。PowerPoint演示文稿从来都不应该是一个提议或方案的全部内容，它只是思考成熟的长篇内容的一个简单总结。自从有了PowerPoint以后，许多商界人士不再撰写文件了。他们只是在编写演示文稿，这些文稿只是一些没有细节、缺乏支持的概要。许多人不喜欢撰写详尽文件所付出的脑力劳动。

项目五

秘书办会

任务一 会前准备

素质目标

- 通过基于事前的总体规划强化整体意识。
- 通过多方的沟通协调强化合作意识。

知识目标

- 掌握会议方案编制、会场布置、资料制作、设备选用的基本要求。
- 掌握会议方案编制、会场布置、资料制作、设备选用的工作标准。

技能目标

- 熟练方案编制。
- 熟练会场选择与布置。
- 熟练资料制作。
- 熟练设备的安装与调试。

秘言秘语

不打无准备之仗

关于准备,古今中外有很多说法。《大学》里是这样说的:"知止而后有定,定而后能静,静而后能安,安而后能虑,虑而后能得。"西方则有"机遇只偏爱有准备的头脑"的说法。由此可见,重视准备,尤其是事前准备,实在是普天下之共识。

在我们的生活和工作中,提前做好充足的准备,是一个非常好的习惯。为什么这么说呢?首先,准备可以让我们提前进入工作状态,而这种状态可以让我们收敛心神、聚精会神,让我们的专注力提高50%以上,从而提高工作效率。其次,准备可以让我们更深入、更全面地去认识工作、思考对策。因为在准备的过程中,我们会主动或被动地把整个工作从头到尾捋一遍,为可能发生的问题一一寻找应对之法。最后,准备还是留给自己的一个缓冲期,在这个非正式的时期里,我们可以去适应、去调整、去应对。充分利用好准备阶段所特有的容错性,让我们在不断的尝试中找到最佳的解决方案。

既然准备工作如此重要,那以后千万记得"不打无准备之仗",因为"凡事预则立,不预则废"。

任务 5-1-1 方案编制

项目名称	任务清单内容
任务情境	天地集团公司计划在今年的销售旺季前，召开一次产品展销会，邀请省级代理商和大型客户参加。为进一步增强大家对公司产品的信心，拟在会议中对部分研发区域、生产区域、仓储区域进行考察。
任务目标	了解会议方案的模式，掌握编制方案的方法。
任务要求	结合不同的情形，完成下列任务： 1.绘制会议方案编制的工作流程图。 2.完善会议流程的选用机制。
任务思考	1.会议如何分类，主要类型有哪些？ 2.会议类型与流程安排之间有什么关系？

项目名称	任务清单内容
任务实施	根据任务情境的描述，设计一份应对的会议方案。
任务总结	通过完成以上任务，你认为应如何有针对性地编制会议方案？
实施人员	
任务点评	

【画龙点睛】除了最基本的时间、地点、人物之外,流程的选择和安排就是方案编制的重头戏。流程没有最好,只有最合适。摸清会议意图是选择流程的前提和基础。

【做中学】请结合不同类型会议的特点,在表5-1-1中填写其基本流程和流程侧重点。

表5-1-1 不同类型会议的基本流程和流程侧重点

会议类型	基本流程	流程侧重点
考察类会议		
传达类会议		
表彰类会议		
商讨类会议		

【秘书锦囊】扫码线上学习任务5-1-1的相关知识。

秘书锦囊(任务5-1-1)

【秘书小贴士】《孙子·计篇》:"谋定而后动,知止而有得"。谋划准确周到是行动的前提,重视事前规划、计划,是会务工作得以顺利开展的重要保证。

活页笔记

任务 5-1-2 准备资源

项目名称	任务清单内容
任务情境	经天地集团公司研究同意，决定于3月中旬举行一年一度的产品展销会，要求公司办公室负责会议的各项筹备工作。结合之前确定的会议方案，办公室朱主任开始着手进行各项准备工作。
任务目标	了解会议所需资源的种类，掌握各项会议准备资源的基本要求。
任务要求	结合不同的情形，完成下列任务： 1.编制资源准备工作计划表。 2.设计一份会场布置图。
任务思考	1.如何通过会场布置体现会议主题、烘托会议氛围？ 2.材料印制时有哪些注意事项？ 3.如何结合会议议程选择合适的硬件设备？

项目名称	任务清单内容
任务实施	根据任务情境的描述，进行相关的准备工作。
任务总结	通过完成以上任务，你认为应当如何做好资源准备？
实施人员	
任务点评	

【画龙点睛】资源准备，意味着会前准备进入实质阶段。方案上的每一句在这里都要变成看得见摸得着的实物。此时，有一份详细的分工表、时间表就显得格外重要。既有利于安排工作，也便于检查落实情况，更重要的是可以防止出现遗漏。

【做中学】请结合下列会议的不同要求，在表5-1-2中填写所需准备的资料和设备。

表5-1-2 不同会议类型所需准备的资料和设备

会议类型	资料准备	设备准备
公司年会		
部门工作例会		
新闻发布会		
公司董事会		

【秘书锦囊】扫码线上学习任务5-1-2的相关知识。

秘书锦囊（任务5-1-2）

【秘书小贴士】毛泽东在《目前形势和我们的任务》报告中说："不打无准备之仗，不打无把握之仗，每一战都应力求有准备。"没有充足的准备，就无法应对可能出现的意外，无法确保会议顺利进行。

活页笔记

任务二　会中服务

素质目标

- 通过开展会中服务培养服务意识。
- 通过开展应急处理提高危机意识。

知识目标

- 掌握会议现场服务、安全保障、节奏控制、争端解决的基本要求。
- 掌握会议现场服务、安全保障、节奏控制、争端解决的工作标准。

技能目标

- 熟练处理突发状况。
- 熟练控制会议节奏。
- 熟练解决争端。

秘言秘语

塞翁失马的启示

近塞上之人，有善术者，马无故亡而入胡。人皆吊之，其父曰："此何遽不为福乎？"居数月，其马将胡骏马而归。人皆贺之，其父曰："此何遽不能为祸乎？"家富良马，其子好骑，堕而折其髀。人皆吊之，其父曰："此何遽不为福乎？"居一年，胡人大入塞，丁壮者引弦而战。近塞之人，死者十九。此独以跛之故，父子相保。（西汉·刘安）

在这个极富戏剧性的故事中，塞翁忽而失马、忽而得马，其子忽而坠马受伤，忽而免于战火。当事人倒是表现得颇为淡定，反倒是引着你我看客平白激动了好几回。其实，世间的事，也大多如何，所谓祸与福、好与坏并不是绝对对立的。在喜乐顺遂的表象下，也可能隐藏着不为人知的危险。就算是身处危机四伏之中，若是处理得当，也未尝不能转变为一次有效的宣传。做事时，多一份清醒，看多一步，想多一点，会避免很多不必要的麻烦。等真的摊上事了，也切记一定要冷静再冷静。自乱阵脚只能让一切更糟。只有沉着冷静，才能柳暗花明又一村。

任务 5-2-1　后勤保障

项目名称	任务清单内容
任务情境	为了更好地服务产品展销会，天地集团公司综合办拟从公司内部挑选部分人手对会场内外进行保障服务。
任务目标	了解后勤保障的主要内容，掌握应急保障的基本方法。
任务要求	结合不同的情形，完成下列任务： 1.绘制会议后勤保障需求图谱。 2.完善会议应急处理响应机制。
任务思考	1.如何根据会议议程，选择最恰当的后勤保障？ 2.如何应对会场内发生的突发事件？ 3.如何应对会场外发生的突发事件？

项目名称	任务清单内容
任务实施	根据任务情境的描述，设计一份保障计划及应急方案。
任务总结	通过完成以上任务，你认为应如何有效地开展后勤保障？
实施人员	
任务点评	

【画龙点睛】在会议的后勤保障工作中，既包括常规的运行保障，也包括针对突发状况的应急处理。而后者因为是小概率事件，往往容易被忽视。针对可能出现的"黑天鹅"事件，一定要预判在前，提前做好相关预案，以应不时之需。

【做中学】请依据表5-2-1中的突发状况，填写你认为最合适的应急处理措施。

表5-2-1　不同突发状况的应急处理措施

突发状况	应急处理措施
会场停电或设备故障	
停车位紧张	
有人冲击会场	
与会者突发疾病	

【秘书锦囊】扫码线上学习任务5-2-1的相关知识。

秘书锦囊（任务5-2-1）

【秘书小贴士】朱柏庐《朱子家训》："宜未雨而绸缪，毋临渴而掘井。"在工作和生活中，时刻保持一点危机意识，才不至于陷入不知所措的尴尬局面。

活页笔记

任务 5-2-2 有效开会

项目名称	任务清单内容
任务情境	因天地集团公司董事长临时有事需提前离开，原定三天的产品展销会将会被压缩为两天。如何在不改变会议议程、不影响会议效果的情况下，完成这一临时交办的工作任务。
任务目标	了解会议节奏，掌握控制会议节奏的方法。
任务要求	结合不同的情形，完成下列任务： 1.为会议各项活动绘制精确的时间表。 2.建立有效的时间控制机制。
任务思考	1.会议节奏与会议效率之间关系如何？ 2.如何控制会议节奏？ 3.如何化解过激争执？

项目名称	任务清单内容
任务实施	根据任务情境的描述，设计出更高效、更紧凑的执行方案，以确保按期完成。
任务总结	通过完成以上任务，你认为应当如何提高会议的有效性？
实施人员	
任务点评	

【画龙点睛】在实际运作过程中，可通过优化设计和有效执行来提高会议效率。前者是在方案设计时予以结构优化，是提高会议效率的根本；后者则是在实施层面进行执行优化，是提高会议效率的重要保障。执行层面的优化，主要通过对各个环节用时的精确把控来实现。

【做中学】在表5-2-2中填写你所知道的会议节奏控制方法。

表5-2-2　会议节奏控制方法

项目	可使用方法
入场时间	
发言时间	
讨论偏题	
化解争端	

【秘书锦囊】扫码线上学习任务5-2-2的相关知识。

秘书锦囊（任务5-2-2）

【秘书小贴士】杜甫《春夜喜雨》："随风潜入夜，润物细无声"。作为会务服务人员，对整场会议要保持一种"润物细无声"式地关注，介入时亦是如此。

活页笔记

任务三　会议善后

素质目标

- 通过回顾总结培养自省意识。
- 通过创新宣传培养发散思维。

知识目标

- 掌握会议资料整理、会议执行效果评价、会议宣传的基本要求。
- 掌握会议资料整理、会议执行效果评价、会议宣传的工作标准。

技能目标

- 熟练会议资料整理。
- 熟练会议执行效果评价。
- 熟练摄影摄像相关器材的使用。
- 熟练多样化宣传报道的编撰。

秘言秘语

学会战胜自己

高尔基曾经说过："最伟大的胜利，就是战胜自己。"那怎样才算是战胜了自己呢？青出于蓝而胜于蓝，这是青战胜了蓝；长江后浪推前浪，这是后浪战胜了前浪；这都是新战胜了旧，而不是自己战胜了自己。只有今日之我比昨日之我更优秀，今日之我比昨日之我更强大，这才是自己战胜了自己。

如何才能做到这一点呢？首先要认识自己。这个认识不仅是要发现优点，还要找到不足。因为只有全面而准确的认识，才能为自我提升奠定扎实的基础。有道是"最困难的事就是认识自己"，所以在这个认识的过程中，一定还需要来自他人的意见。因为他们不仅可以让你更清楚、更客观的了解自己，还可以让你了解到自己在集体中的作用、对他人的意义。其次要善于改正、改进。面对批评和建议，要抱着有则改之、无则加勉的态度，虚心地听，入耳入心地听；认真地改，扎扎实实地改。只有告别错的，才能和对的相逢。

让我们一起战胜自己，用刀刃向内的自我革命精神，帮助自己摆脱那些恼人的错误、失误，帮助自己成为更优秀的人。

任务 5-3-1　会议小结

项目名称	任务清单内容
任务情境	为期两天的产品展销会终于结束了，参会的领导和嘉宾纷纷离开。秘书小李被告知第二天要举行专项小结会议，针对展销会的会务工作进行总结。
任务目标	了解会议小结的主要内容和评价标准。
任务要求	结合不同的情形，完成下列任务： 1.建立常态化会后小结机制。 2.建立会议效果综合评判机制。
任务思考	1.评价会议成功与否的标准是什么？ 2.会后绩效评价的意义是什么？

项目名称	任务清单内容
任务实施	根据任务情境的描述，设计一份专项小结会议的方案。
任务总结	通过完成以上任务，你认为应如何进行会议小结才能帮助办会人员提高办会能力？
实施人员	
任务点评	

【画龙点睛】会议小结是对整个会议的一次集中回顾分析。但分析并不是目的，小结的最终目的一定是找到问题的根源，找到解决的方法。只有这样才能杜绝再犯。回顾过去，只是为了更好地走向未来。批评与自我批评，只是为了让大家共同进步、共同提升。

【做中学】在表5-3-1中填写会议不同项目的评价标准。

表5-3-1　会议不同项目的评价标准

项目	评价标准
资料准备	
过程安排	
应急处理	
预算执行	
分工及配合	

【秘书锦囊】扫码线上学习任务5-3-1的相关知识。

秘书锦囊（任务5-3-1）

【秘书小贴士】《论语·学而》："吾日三省吾身：为人谋而不忠乎？与朋友交而不信乎？传不习乎？"日省则日新，只有善于回顾反思的人，才能不断进步。

活页笔记

任务 5-3-2　创新宣传

项目名称	任务清单内容
任务情境	为了进一步扩大此次产品展销会的影响，吸引更多的商业合作伙伴与机会，天地集团公司计划在会议结束后，大力向社会各界宣传此次展销会达成的新型合作框架。
任务目标	掌握宣传会议精神、落实会议决议的方式方法。
任务要求	结合不同的情形，完成下列任务： 1.编制一份宣传方案。 2.编写一份宣传稿，注明发布途径和适用范围。
任务思考	1.新形势下会议宣传的特殊之处在哪里？ 2."互联网+"思维，给会议宣传带来的影响有哪些？

项目名称	任务清单内容
任务实施	根据任务情境的描述，进行相关的宣传工作。
任务总结	通过完成以上任务，你认为应当如何提高会议宣传的效果与质量？
实施人员	
任务点评	

【画龙点睛】创新宣传是结合当前的宣传特点所进行的宣传创新，是对扩大会议影响力的有效助力。在科技飞速发展的当下，为了让官方的声音传得更快更远，学习吸纳融媒体表现手法，立足受众，对现有会议宣传进行多样化探索，是十分有必要的。

【做中学】在表5-3-2中填写不同宣传类型的优势和适用范围。

表5-3-2　不同宣传类型的优势和适用范围

宣传类型	优势	适用范围
文件发布		
新闻报道		
短视频		

【秘书锦囊】扫码线上学习任务5-3-2的相关知识。

秘书锦囊（任务5-3-2）

【秘书小贴士】"创新是一个民族进步的灵魂，是一个国家兴旺发达的不竭动力，也是中华民族最深沉的民族禀赋。在激烈的国际竞争中，惟创新者进，惟创新者强，惟创新者胜。"——2013年10月21日，习近平在欧美同学会成立100周年庆祝大会上的讲话。

文书档案

任务一　文书工作

素质目标

- 培养学生在文书处理过程中的高效、精准、安全的工匠精神。
- 培养学生在文书处理过程中的程序意识。
- 培养学生档案意识。

知识目标

- 掌握文书发文工作程序及各环节的要求。
- 掌握文书收文工作程序及各环节的要求。
- 掌握归档文书处理规则。

技能目标

- 能够按发文处理制度进行发文处理。
- 能够按收文处理制度进行收文处理。
- 能够整理归档文件。

秘言秘语

文书与档案的关系

文书是指行为主体在社会实践活动中，为了一定的目的而形成并使用的具有应用性和特定格式的文字材料。

随着科学技术的发展，有些理论工作者把以非纸质为介质的文字及声像材料，如电子文件、录音带、录像带等也称为"文书"。

档案是指过去和现在的国家机构、社会组织及个人从事政治、军事、经济、科学、技术、文化、宗教等活动直接形成的对国家和社会有保存价值的各种文字、图表、声像等不同形式的历史记录。

文书与档案是密不可分的有机整体，文书是档案的前身，档案是文书的归结。

文书与档案的联系：

（1）两者记录和反映人们社会实践的功能相同。

（2）两者在内容和格式上完全一致。

（3）两者互为因果关系。

文书与档案的区别：

（1）两者的性质和形式不同。文书是具有现行效用的信息，具有针对性、指导性、现实执行性；档案是保存起来以备查看利用的。文书是零散的、单份的；档案是组合的、集中的。

（2）两者的目的和作用不同。

（3）两者存在和发挥效用的时间不同。文书是现行应用的，办理完毕后就失去了效用，文书存在的使命也就基本完结；档案由于是以备将来利用的，因而具有长期性、永久性。

任务6-1-1　收文处理

项目名称	任务清单内容
任务情境	天地集团公司是滨海市的一家制造儿童玩具的私营企业，现有员工700余人，企业年产值2亿元人民币。为了提升管理水平，公司在组织架构中设立了专门处理文书档案工作的机构，小马受聘担任文档管理秘书。
任务目标	掌握收文处理程序。
任务要求	请根据任务情境，完成下列任务： 1.了解收文处理程序的特点。 2.掌握收文处理工作的原则和要求。
任务思考	收文处理程序有哪些环节？

项目名称	任务清单内容
任务实施	1.如果你是小马,应如何处理公司收到的文件材料? 2.依次完成收文处理程序(签收、登记、初审、承办、传阅、催办、答复)中的工作。
任务总结	通过完成上述任务,你学到了哪些知识和技能?
实施人员	
任务点评	

【画龙点睛】秘书人员不敢催促领导看文件怎么办？建议解决方法：一是要在收文的第一时间做好登记；二是分类处理，可以提前办理时限及紧急程度；三是要掌握催办的技巧，比如利用下次公文传阅机会询问上次传阅的公文（间隔不能长），或是将公文传阅夹放在醒目位置，领导自会明白；四是尽量选在领导办公室没有其他人或者工作不忙的时间，主动掌握领导活动规律，抓住领导开会的间隙或下班后离开单位前的空闲时间找领导看文件。

【做中学】请归纳总结收文处理程序的工作内容及注意事项，填入表6-1-1中。

表6-1-1　收文处理程序的工作内容及注意事项

名称	工作内容	注意事项
签收		
登记		
初审		
承办		
传阅		
催办		
答复		

【秘书锦囊】扫码线上学习任务6-1-1的相关知识。

秘书锦囊（任务6-1-1）

【秘书小贴士】《后汉书·祭祀志》中有"自五帝始有书契"的记载。由此推断，我国最早的公务文书可能出现于黄帝时期。

活页笔记

任务6-1-2　发文处理

项目名称	任务清单内容
任务情境	天地集团公司是滨海市的一家制造儿童玩具的私营企业，现有员工700余人，企业年产值2亿元人民币。为了提升管理水平，公司在组织架构中设立了专门处理文书档案工作的机构，小马受聘担任文档管理秘书。
任务目标	掌握发文处理程序。
任务要求	请根据任务情境，完成以下任务： 1.了解发文处理程序的特点。 2.掌握发文处理工作有什么原则和要求。
任务思考	1.发文处理程序有哪些环节？ 2.各个环节中应该注意什么？

项目名称	任务清单内容
任务实施	1.如果你是小马，为了做好发文工作，你会在知识和技能上做好哪些准备？ 2.依次完成发文处理程序（起草、审核、签发、复核、登记、印制、核发）中的工作。
任务总结	通过完成上述任务，你学到了哪些知识和技能？
实施人员	
任务点评	

【画龙点睛】不能疏忽公文制发管理。涉密公文拟制时，应当在符合安全保密要求的场所进行，使用符合安全保密要求的设备和存储介质，严格管理由此产生的纸质或电子形式的过程稿。非涉密公文在履行公开发布程序之前，应按照内部文件管理；拟对外公开的政府信息，应按照"谁公开谁审查，先审查后公开"的原则，做好信息公开保密审查。

【做中学】请归纳总结发文处理程序的工作内容及注意事项，填入表6-1-2中。

表6-1-2　发文处理程序的工作内容及注意事项

程序名称	工作内容	注意事项
起草		
审核		
签发		
复核		
登记		
印制		
核发		

【秘书锦囊】扫码线上学习任务6-1-2的相关知识。

秘书锦囊（任务6-1-2）

【秘书小贴士】文本的正副本制度形成于西周时代，距今3000年之久。公文主官签发制度在战国时期形成，三国时正式施行。公文签发前的执论制度，由唐太宗制定。请示类公文一文一事制度始于魏晋南北朝，通行于唐代。公文摘由制度，始于宋代，称为"引黄"。

活页笔记

任务6-1-3　归档文件整理

项目名称	任务清单内容
任务情境	天地集团公司是滨海市的一家制造儿童玩具的私营企业，现有员工700余人，企业年产值2亿元人民币。为了提升管理水平，公司在组织架构中设立了专门处理文书档案工作的机构，小马受聘担任文档管理秘书。
任务目标	掌握归档文件整理与编目。
任务要求	请根据任务情境，完成以下任务： 1.掌握文件材料的归档整理要求。 2.掌握归档文件的分类方法。
任务思考	1.文件材料归档整理的原则是什么？ 2.跨年度的文件材料怎么归档？

项目名称	任务清单内容
任务实施	1.如果你是小马,应如何做好归档文件的整理工作? 2.依次完成归档文件整理程序(组件、修整、装订、分类、排列、编号、编页、编目、装盒、排架)中的工作。
任务总结	通过完成上述任务,你学到了哪些知识和技能?
实施人员	
任务点评	

【画龙点睛】2000年国家档案局发布了《归档文件整理规则》（DA/T 22—2000）。现以被《归档文件整理规则》（DA/T 22—2015）替代，以下简称《规则》。《规则》的重要特征，在于其一将以往采用的传统的以"卷"为单位的归档方法，改为以"件"为单位的"文件级"整理方法。其优点：①以客观标准取代主观标准；②更加符合文书整理的基本原则；③文书整理更简便易行和具有确定性；④有利于整理手段的现代化。其二，以"案盒"取代"案卷"。其优点：①方便文书档案的借阅和查找；②方便档案的复制和保密；③简化了装订程序；④使文书工作和档案工作统一起来。

【做中学】请归纳总结归档文件整理程序的工作内容及注意事项，填入表6-1-3中。

表6-1-3　归档文件整理程序的工作内容及注意事项

程序名称	工作内容	注意事项
组件		
修整		
装订		
分类		
排列		
编号		
编页		
编目		
装盒		
排架		

【秘书锦囊】扫码线上学习任务6-1-3的相关知识。

秘书锦囊（任务6-1-3）

【秘书小贴士】收文发文登记制度初步形成于秦代之前。办文时限制度最早出现于唐代。公文票拟制度形成于明代。

活页笔记

任务二 档案保管及利用

素质目标

- 培养学生在档案管理工作中的责任意识。
- 培养学生在档案管理工作中的服务意识。
- 培养学生在档案管理工作中的安全意识。

知识目标

- 了解档案保管的条件。
- 掌握常见检索工具的主要内涵及作用。

技能目标

- 能够正确选用档案保管的方法。
- 能够有效利用档案检索工具。

秘言秘语

影响档案寿命的因素

档案损毁的原因是多种多样的,为了实际操作的便利,我们把它区分为社会原因和自然原因。

1. 社会原因(又称人为原因)

(1)由于政治斗争及其他各种原因,对某些档案文件进行有计划、有意识地破坏。

(2)由于档案工作人员及接触档案的有关人员,工作麻痹大意,或疏忽职守,或不遵守规章,以及缺乏档案管理工作知识等,导致管理和使用不善,造成了档案的丢失、损毁或档案管理系统的紊乱。

(3)档案的管理和利用难以避免地加速档案的老化和磨损等。

2. 自然因素

档案自然损毁的原因,概括起来有两方面。

(1)内因,是指档案制成材料和书写材料的质量状况。档案制成材料如纸张、胶片、光盘、磁盘等,书写材料如炭黑、颜料、染料、铁盐、重氮盐蓝图线条、磁介质等。

(2)外因,就是档案所处的环境和保管档案的条件,如档案保管的场所、装具、温湿度、光线、空气洁净情况等。不适宜的温湿度、光线、灰尘、有害气体、有害生物、水、火及机械磨损等因素都可能造成档案的损毁。

任务 6-2-1　档案保管工作

项目名称	任务清单内容
任务情境	天地集团公司是滨海市的一家制造儿童玩具的私营企业，现有员工700余人，企业年产值2亿元人民币。为了提升管理水平，公司在组织架构中设立了专门处理文书档案工作的机构，小马受聘担任文档管理秘书。
任务目标	掌握档案保管工作的内容及方法。
任务要求	请根据任务情境，完成以下任务： 1. 保管档案，条件上应做好哪些准备？ 2. 档案库房管理包括哪些内容？
任务思考	1.档案库房管理主要防什么？ 2.如何延长档案寿命？

项目名称	任务清单内容
任务实施	如果你是小马，你会如何做好档案保管工作？ 1.档案库房的技术管理 （1）库房的温湿度控制； （2）"八防"措施。 2.档案流动中的保护 （1）档案接收时的保护； （2）档案转移中的保护； （3）档案整理中的保护； （4）档案利用中的保护； （5）档案展览中的保护。 3.纸质档案常用修复技术 （1）去污法； （2）去酸法； （3）加固法； （4）修裱法； （5）字迹恢复与显示法。
任务总结	通过完成上述任务，你学到了哪些知识和技能？
实施人员	
任务点评	

【画龙点睛】档案库房通风的注意事项：通风时，应对库房的内外温湿度进行监测，注意其变化的情况，随时采取相应措施；应防止库房内结露；应注意防尘和防有害气体进入库房内。通风后应立即密闭，使库房内适宜的温湿度状况得以较长时间的稳定。

【做中学】请归纳总结档案保管工作的工作内容及注意事项，填入表6-2-1中。

表6-2-1　档案保管工作的工作内容及注意事项

程序名称	工作内容	注意事项
档案保管工作条件		
库房管理工作		
档案登记		
档案统计		

【秘书锦囊】扫码线上学习任务6-2-1的相关知识。

秘书锦囊（任务6-2-1）

【秘书小贴士】在《说文解字》里"档"解释为"几属"，就是像小桌子一样的东西。"案"是指处理一桩事件的有关文件。"档"和"案"连接起来，就是存入档架的案卷。

活页笔记

任务6-2-2　档案开发利用工作

项目名称	任务清单内容
任务情境	天地集团公司是滨海市的一家制造儿童玩具的私营企业，现有员工700余人，企业年产值2亿元人民币。为了提升管理水平，公司在组织架构中设立了专门处理文书档案工作的机构，小马受聘担任文档管理秘书。
任务目标	1.编制常用档案检索工具。 2.掌握档案利用的方式和途径。
任务要求	请根据任务情境，完成以下任务： 1.根据不同需求选择档案检索工具。 2.编制常用的参考资料。
任务思考	1.编制档案检索工具应该达到什么要求？ 2.如何提高档案检索效率？

项目名称	任务清单内容
任务实施	如果你是小马，你会如何做好档案的开发利用工作？ 1. 编制常用档案检索工具 （1）案卷目录； （2）卷内文件目录； （3）归档文件目录； （4）专题目录； （5）全宗介绍。 2. 档案利用的几种主要方法 （1）档案阅览服务； （2）档案外借服务； （3）档案展览与陈列服务； （4）制发档案复制服务； （5）制发档案证明服务。
任务总结	通过完成上述任务，你学到了哪些知识和技能？
实施人员	
任务点评	

【画龙点睛】2015年10月10日,中国申报的南京大屠杀档案入选"世界记忆名录",《南京大屠杀档案》必将成为世界反法西斯战争和中国人民抗日战争世界公认的历史教材被广为宣传。进而,日本政府妄图歪曲历史的阴谋将大白于天下。

【做中学】请归纳总结档案利用方法的工作内容及注意事项,填入表6-2-2中。

表6-2-2　档案利用方法的工作内容及注意事项

名称	工作内容	注意事项
档案阅览服务		
档案外借服务		
档案展览与陈列服务		
制发档案复制服务		
制发档案证明服务		

【秘书锦囊】扫码线上学习任务6-2-2的相关知识。

秘书锦囊(任务6-2-2)

【秘书小贴士】《吕氏春秋·先识》记载:"夏太史终古见桀迷惑,载其图法奔商。""图"即版图档案,"法"即法典档案。说明夏代已由史官管理、利用档案。

项目七

事务服务

任务一 日常事务

素质目标

- 培养学生形成良好的秘书服务意识。
- 提高学生处理日常事务的综合能力。

知识目标

- 熟悉秘书日常事务的主要内容。
- 掌握各类日常事务的工作流程。
- 掌握各类日常事务的工作要求。

技能目标

- 能够编制工作日志。
- 能够合理管理资源。
- 能够制作值班安排表。
- 能够正确处理突发事件。
- 能够规范使用印章。

秘言秘语

日常事务既是服务，也是管理

秘书是为领导工作服务的，一般可分为参与政务与管理事务两大部分。秘书的事务性工作是相对于领导工作的政务而言，有效的事务服务可以让领导的工作更集中、更高效。

秘书部门是一个综合部门，是单位运转的枢纽，单位的内外沟通、左右联系、上情下达、下情上通都需要经过这里，信息大量性与无法预料性，致使秘书工作的内容繁杂，经常需要同时处理多项琐碎的事务。在《女秘书工作——经典的一日》中，秘书苏珊完整地揭示了秘书工作的烦琐性、综合性、突发性与服务性。

然而琐碎并不意味着不重要，办公室无小事，如何有序安排值班、如何合法合规用印、如何有的放矢收集信息，都与单位的稳定发展息息相关。秘书部门及秘书人员工作的有序性直接影响着领导工作的有效性及单位整体工作水平。正如，比尔·盖茨曾说："我和微软的成功因为有露宝。"露宝正是他的秘书。

因此，秘书人员在处理日常事务时既要有大局观，也要注重细节；既要听从领导安排，也要发挥主观能动性；既要坚持服务理念，也要善用管理方法。

任务7-1-1 时间管理

项目名称	任务清单内容
任务情境	天地集团公司董事会周一上午八点召开领导碰头会，商讨公司重要事宜。十点左右，朱主任陪同董事长去市财政局商讨项目资金问题。十点半，副董事长致电办公室要准备好他周二赴北京考察出差的相关事宜。十一点，办公室接到2份急件。下午四点，公司与晨新公司签订战略合作协议，为保障签约仪式顺利进行，朱主任决定中午十二点召开工作布置会。 假设你是公司办公室马秘书，需要完成周一当天会议、活动筹备、文件流转、来电来访等工作。
任务目标	掌握时间管理技巧，掌握辅助领导进行时间管理的原则和方法，能够合理制定时间计划表。
任务要求	结合秘书的工作特点及任务情境，完成以下任务： 1.时间管理的方法有哪些？ 2.如何编制个人工作时间表？ 3.如何辅助领导进行时间管理？
任务思考	1.时间管理的本质是什么？ 2.处于不同角色的人如何进行时间管理？ 3.工作安排优先顺序如何确定？ 4.辅助领导进行时间管理时需要注意哪些事项？

项目名称	任务清单内容
任务实施	1.头脑风暴：如何有效地提高工作效率？ 2.技能展示：编制朱主任和马秘书周一的工作日志。
任务总结	通过完成上述任务，你学到了哪些知识或技能？
实施人员	
任务点评	

【画龙点睛】时间管理是通过有效合理地安排工作，在最短的时间收获最大的效益。秘书时间管理既包括个人时间管理，也包括辅助领导管理时间。

【做中学】请归纳时间管理的规范要领和注意事项，并填入表7-1-1中。

表7-1-1　时间管理的规范要领和注意事项

内容	规范要领	注意事项
个人时间管理		
辅助领导管理时间		

【秘书锦囊】扫码线上学习任务7-1-1的相关知识。

秘书锦囊（任务7-1-1）

【秘书小贴士】子在川上曰："逝者如斯夫！不舍昼夜。"秘书时间的有限性与工作内容的繁杂性始终是一对矛盾体，秘书要通过时间管理来找准节奏，提高效率。

活页笔记

任务7-1-2 资源管理

项目名称	任务清单内容
任务情境	天地集团公司因经济效益不佳，决定加强精细化管理，开源节流。同时考虑在成都拓展新业务，增加一条手机生产线。为了解市场行情，朱主任决定周五赴成都考察。 假设你是公司办公室马秘书，需要有效管理办公用品以节约开支，并请为朱主任赴成都考察准备一份详细的、有价值的信息资料。
任务目标	掌握资源管理的内容及方法；能够有效管理资源。
任务要求	结合秘书工作的特点及任务情境，完成以下任务： 1.如何有效管理办公用品？ 2.信息管理程序有哪些？ 3.如何有效进行信息管理？
任务思考	1.办公用品有哪些？ 2.办公用品的管理流程是什么？ 3.信息管理流程是什么？ 4.信息管理每个环节需要注意哪些事项？

项目名称	任务清单内容
任务实施	1.头脑风暴：信息资源管理的方法有哪些？ 2.技能展示：为朱主任的考察准备一份信息资料。
任务总结	通过完成上述任务，你学到了哪些知识或技能？
实施人员	
任务点评	

【画龙点睛】信息是正确决策的基础，是有效管理的前提。秘书部门要及时、准确、全面地提供信息，坚持两点论，有喜报喜，有忧报忧。

【做中学】请归纳资源管理的规范要领和注意事项，并填入表7-1-2中。

表7-1-2　资源管理的规范要领和注意事项

内容	规范要领	注意事项
办公用品		
信息		

【秘书锦囊】扫码线上学习任务7-1-2的相关知识。

秘书锦囊（任务7-1-2）

【秘书小贴士】《道德经》第六十三章："天下难事，必作于易；天下大事，必作于细。"秘书要用负责的态度和前瞻性的眼光，用细心、耐心、恒心，为领导工作服务。

活页笔记

任务7-1-3　值班管理

项目名称	任务清单内容
任务情境	元旦期间，天地集团公司按照国务院有关规定，放假三天。为确保公司的安全稳定及正常运转，公司安排元旦值班。1月1日晚，朱主任值班期间，公司仓库突然起火，因采取有力措施，火当晚被扑灭。1月2日早上八点，朱主任结束值班，按照值班表由罗主任值班。 　　假设你是公司办公室朱主任，需要编制元旦假期值班表，应急处理仓库失火情况，并与罗主任做好值班交接。
任务目标	掌握值班工作内容和值班要求，掌握应急处理突发事件的准则，能够编制值班安排表、撰写值班日志。
任务要求	结合任务情境，完成以下任务： 1.编制值班安排表。 2.值班时如何处理突发事件？ 3.如何做好值班记录？ 4.如何做好值班交接班？
任务思考	1.如何制作值班表？ 2.值班记录需要注意哪些事项？ 3.处理突发事件的原则是什么？ 4.交接班时需要注意哪些事项？

项目名称	任务清单内容
任务实施	1.头脑风暴：值班工作的内容及要求是什么？ 2.技能展示：制作一份值班安排表；拟制一份应急处理方案。
任务总结	通过完成上述任务，你学到了哪些知识或技能？
实施人员	
任务点评	

【画龙点睛】值班工作是保证单位日常工作正常运转的基础，是为领导处理紧急、重要事项和突发事件提供有效服务的手段。应对突发事件要坚持快、准、防。

【做中学】请归纳值班管理工作流程的规范要领和注意事项，并填入表7-1-3中。

表7-1-3　值班管理工作流程的规范要领和注意事项

内容	规范要领	注意事项
拟定值班制度		
编制值班表		
值班记录		
值班交接		
处理突发事件		

【秘书锦囊】扫码线上学习任务7-1-3的相关知识。

秘书锦囊（任务7-1-3）

【秘书小贴士】子曰："工欲善其事，必先利其器。"秘书部门要对值班情况进行常态化督办，确保安全稳定。

活页笔记

任务7-1-4　印章管理

项目名称	任务清单内容
任务情境	天地集团公司旗下的两个子公司因收不抵支、入不敷出，集团总部决定整合资源，将其合并。新合并的子公司因业务需要，准备与晨新公司签订合同。 　　假设你是公司办公室朱主任，需要完成原两家子公司印章的销毁、新成立的子公司印章的刻制与启用、合同签约手续。
任务目标	熟悉印章管理及使用程序；能够正确管理和使用印章。
任务要求	结合秘书工作的内容及任务情境，完成以下任务： 1.了解印章的种类。 2.掌握印章管理流程。 3.掌握印章使用流程。
任务思考	1.印章的作用是什么？印章的种类有哪些？ 2.印章管理包括哪些环节？每个环节需要注意什么？ 3.印章使用流程是什么？

项目名称	任务清单内容
任务实施	1.头脑风暴：用印章时需要履行哪些手续？ 2.技能展示：编制一份新印章启用及旧印章销毁的方案。
任务总结	通过完成上述任务，你学到了哪些知识或技能？
实施人员	
任务点评	

【画龙点睛】"印下有黄金万千,印下有性命关天",印章虽小,但分量很重。印章管理要遵循流程,依规管理、合法使用。

【做中学】请归纳印章管理工作流程的规范要领和注意事项,并填入表7-1-4中。

表7-1-4　印章管理工作流程的规范要领和注意事项

内容	规范要领	注意事项
印章刻制		
印章颁发		
印章使用		
印章保管		
印章销毁		

【秘书锦囊】扫码线上学习任务7-1-4的相关知识。

秘书锦囊(任务7-1-4)

【秘书小贴士】《孟子·离娄上》:"离娄之明,公输子之巧,不以规矩,不能成方圆。"印章是各类组织对外联系的标志和行使职权的凭证,严格按规定使用印章是秘书部门和秘书人员的重要职责。

活页笔记

任务二　安全管理

素质目标

- 培养学生树立牢固的安全意识。
- 培养学生应急处理突发事件的综合能力。

知识目标

- 熟悉安全管理的各项内容。
- 掌握安全管理的标准及要求。
- 掌握安全综合治理的相关措施。

技能目标

- 能够做好单位"三防"建设。
- 能够有效开展隐患排查。
- 能够有效治理安全隐患。

秘言秘语

安全既是底线,也是生命线

2018年12月,北京交通大学实验室爆炸;2019年3月,江苏响水特大爆炸事故;2020年3月,福建泉州酒店"3·7"坍塌事故;2021年初,山东一金矿爆炸。每年各类安全事故时有发生,牵动着无数人的心,也时刻警醒我们,生命高于一切,安全生产须臾不可放松。

党的十九届五中全会提出:"要把安全发展贯穿国家发展各领域和全过程,防范和化解影响我国现代化进程的各种风险,筑牢国家安全屏障。加强国家安全体系和能力建设,确保国家经济安全,保障人民生命安全,维护社会稳定和安全。"

安全工作涉及千家万户的幸福,关系到社会发展的和谐稳定。加强"三防"建设是提高风险防范能力、建设平安和谐社会的重要内容。

"三防"建设固然重要,隐患排查、整治也必不可少。安全发展要落到实处,预防是关键。事后补救不如事中控制,事中控制不如事前预防。安全事故看似有突发性,其实隐患潜藏于日常细微之中。开展安全生产隐患排查,其目的就是排除隐患堵漏洞,筑牢安全防线。

任务7-2-1 "三防"建设

项目名称	任务清单内容
任务情境	天地集团公司收到市安全生产委员会办公室印发《2020年下半年安全生产集中攻坚行动实施方案》，要求各企事业单位扎实、有效推进平安建设，确保全市安全生产形势持续平稳，共同营造良好的社会环境。 如果你是办公室朱主任，需督促落实此方案。
任务目标	掌握单位"三防"建设的内容及建设措施，能有效开展"三防"建设。
任务要求	结合安全生产工作特点，完成以下任务： 1.熟悉"三防"建设内容。 2.掌握"三防"建设标准。 3.掌握"三防"建设措施。
任务思考	1."三防"建设中"三防"指什么？ 2."三防"建设标准是什么？ 3."三防"建设措施有哪些？ 4.秘书在"三防"建设中的职责是什么？

项目名称	任务清单内容
任务实施	1.头脑风暴："三防"建设包含哪些内容？ 2.技能展示：起草一份单位"三防"建设方案。
任务总结	通过完成上述任务，你学到了哪些知识或技能？
实施人员	
任务点评	

【画龙点睛】"三防"建设是提升单位应急处理突发事件水平、维护安全稳定的重要举措。其中,人防是中心,物防是基础,技防是保障。

【做中学】请归纳"三防"建设的规范要领和注意事项,并填入表7-2-1。

表7-2-1 "三防"建设的规范要领和注意事项

内容	规范要领	注意事项
人防建设		
物防建设		
技防建设		

【秘书锦囊】扫码线上学习任务7-2-1的相关知识。

秘书锦囊(任务7-2-1)

【秘书小贴士】子曰:"人无远虑,必有近忧。"安全工作是一项长期、艰巨、复杂的系统工程。秘书要牢固树立底线思维,常思安全之策,常尽安全之责。

活页笔记

任务7-2-2　隐患排查

项目名称	任务清单内容
任务情境	市人民政府办公室印发了《关于开展安全生产隐患大排查和集中整治工作通知》，为守住安全生产底线，天地集团公司严格按照文件要求，拟定于月底在公司开展排查治理安全隐患，解决安全管理上存在的突出问题和薄弱环节。 假设你是公司办公室朱主任，需要协调落实公司安全生产隐患大排查等相关工作。
任务目标	掌握隐患排查的步骤及内容，能够有效开展隐患排查及整治。
任务要求	结合安全工作的内容及任务情境，完成以下任务： 1.隐患排查的步骤是什么？ 2.隐患排查的内容有哪些？ 3.不同类别的隐患排查侧重点是什么？
任务思考	1.事故隐患有哪些特点？ 2.事故隐患如何分级？ 3.如何进行隐患排查？

项目名称	任务清单内容
任务实施	1.头脑风暴：安全生产事故的隐患有哪些？ 2.技能展示：制订一份隐患排查与整改方案。
任务总结	通过完成上述任务，你学到了哪些知识或技能？
实施人员	
任务点评	

【画龙点睛】安全管理重在预防，事故隐患排查是企业对事故隐患的主动性排查。只有真正坚持问题导向，坚持落实整改，才能长久平稳的发展。

【做中学】请归纳隐患排查与整改的规范要领和注意事项，并填入表7-2-2中。

表7-2-2 隐患排查与整改的规范要领和注意事项

内容	规范要领	注意事项
消防安全		
食品安全		
危化品安全		
其他安全		

【秘书锦囊】扫码线上学习任务7-2-2的相关知识。

秘书锦囊（任务7-2-2）

【秘书小贴士】子曰："过而不改，是谓过矣。"安全重于泰山，稳定压倒一切。隐患排查与整改是生产经营单位安全生产管理过程中的一项法定工作。

活页笔记

项目八

应急管理

任务一　舆情应对

素质目标

- 通过主动的舆情处置强化风险意识。
- 通过被动的舆情处置强化法治思维。

知识目标

- 掌握畅通诉求、法务管理、舆情处置、管理工作群和舆论吸引的基本理论。
- 掌握畅通诉求、法务管理、舆情处置、管理工作群和舆论吸引的工作标准。

技能目标

- 熟练畅通诉求。
- 熟练管理法律事务。
- 熟练处置舆情。
- 有效管理工作群。
- 有效实施舆论吸引。

秘言秘语

总有舆情需要我们有效面对

未来的职业生涯发展其实总是充满了不确定性,我们勤奋、努力的结果,往往是让我们有机会承担更大的责任。

一般来说,所处的岗位越高,那么面对舆情的强度与频率应当越大。在移动互联网时代,人人都是监督者,有效应对舆情是办公室管理人员的基本功。

有经验的管理者往往会设计良好的沟通渠道,让内外部的顾客可以轻松、便捷地传导诉求或者情绪,应对与解决的机制也能够预设,至少在程序层面让愤怒的诉求表达者不以极端的方式破坏组织的正常运行。甚至,管理者还可以通过"制造新闻"达到"舆论吸引"的效果。

当然,不要指望有一劳永逸的方案,使得我们可以永远远离舆情。这就需要我们因时因事而异,既注重未雨绸缪,完善好相关预案,防患于未然;同时依法、有效应对各种突发舆情,最大限度维护各方合法利益。

任务 8-1-1　畅通诉求

项目名称	任务清单内容
任务情境	天地集团公司为了实现人力资源的提档升级，决定通过社招的方式，引进5名中管人员，实行工资协商制度，这一做法导致不少一直在公司任职的中管人员的不满，他们通过各种渠道表达对这一做法的异议。
任务目标	认知诉求的主要形式；熟练畅通诉求。
任务要求	结合不同的情形，完成下列任务： 1.建立员工诉求表达的立体通道。 2.完善员工诉求回应的多维机制。 3.培育员工诉求解决的运行闭环。
任务思考	1.诉求包括的类型有哪些？ 2.如何畅通诉求？

项目名称	任务清单内容
任务实施	根据任务情境的描述,设计一份应对的方案。
任务总结	通过完成以上任务,你认为如何有效地畅通诉求?
实施人员	
任务点评	

【画龙点睛】优秀的秘书从来都是替上司创造价值或者分忧的人。任何一个团队，在不同的时点，总会有不同的诉求表达，这就需要未雨绸缪，完善相关的工作机制，事前的化解胜过事后的处置。当然，如果诉求的表达果真到了一定程度，也应当有相应的处置预案。

【做中学】请归纳畅通诉求的规范要领和注意事项，并填入表8-1-1中。

表8-1-1　畅通诉求的规范要领和注意事项

内容	规范要领	注意事项
建立员工诉求表达的立体通道		
完善员工诉求回应的多维机制		
培育员工诉求解决的运行闭环		

【秘书锦囊】扫码线上学习任务8-1-1的相关知识。

秘书锦囊（任务8-1-1）

【秘书小贴士】《道德经》第六十四章："其安易持，其未兆易谋。其脆易泮，其微易散。为之于未有，治之于未乱。合抱之木，生于毫末；九层之台，起于累土；千里之行，始于足下。"

活页笔记

任务8-1-2 法务管理

项目名称	任务清单内容
任务情境	天地集团公司为了实现人力资源的提档升级，决定通过社招的方式，引进5名中管人员，实行工资协商制度，这一做法导致不少一直在公司任职的中管人员的不满。其中部分中管人员通过网络散布谣言，攻击公司及公司人力资源总监朱某。
任务目标	认知法务管理，熟练运用法律武器，最大限度维护公司的合法利益。
任务要求	结合不同的工作需要，完成下列任务： 1.妥善处置舆情萌芽。 2.依法管控违法侵权行为。
任务思考	1.如何完善法律顾问制度？ 2.如何完善舆情应对工作机制？ 3.如何在出现舆情萌芽时迅速妥善处置？ 4.如何在发生严重违法侵权行为时，依法管控舆情？

项目名称	任务清单内容
任务实施	根据任务情境的描述,设计一份应对的方案。
任务总结	通过完成以上任务,你认为应当如何实施法务管理?
实施人员	
任务点评	

【画龙点睛】法务管理既是舆情应对的刚性保障，也是对舆情的底线管控。无论是否有现实的舆情，组织都要系统地完善法务管理。

【做中学】请归纳法务管理的规范要领和注意事项，并填入表8-1-2中。

表8-1-2　法务管理的规范要领和注意事项

内容	规范要领	注意事项
完善法律顾问制度		
完善舆情应对机制		
妥善处置舆情萌芽		
依法管控违法侵权		

【秘书锦囊】扫码线上学习任务8-1-2的相关知识。

秘书锦囊（任务8-1-2）

【秘书小贴士】《孟子》的《离娄章句上》："不以规矩，不能成方圆。徒善不足以为政，徒法不足以自行。"

活页笔记

任务8-1-3 舆情处置

项目名称	任务清单内容
任务情境	天地集团公司为了实现人力资源的提档升级，决定通过社招的方式，引进5名中管人员，实行工资协商制度，这一做法导致不少一直在公司任职的中管人员不满。其中部分中管人员通过网络，分别发布完全客观、部分客观、完全虚构的信息，损害公司形象。
任务目标	认知舆情处置，熟练区分完全客观、部分客观、完全虚构的舆情，有效应对。
任务要求	结合不同的舆情，完成下列任务： 1.处置完全客观的舆情。 2.处置部分客观的舆情。 3.处置完全虚构的舆情。
任务思考	1.如何处置完全客观的舆情？ 2.如何处置部分客观的舆情？ 3.如何处置完全虚构的舆情？

项目名称	任务清单内容
任务实施	根据任务情境的描述,设计一份应对的方案。
任务总结	通过完成以上任务,你学到了哪些知识或技能?
实施人员	
任务点评	

【画龙点睛】舆情的形成对于组织而言，是任何人都不愿意看到的。但是，出现舆情，必须要及时、科学地应对，逃避与完全的冷处理未必是最好的办法。

【做中学】请归纳不同舆情处置的规范要领和注意事项，并填入表8-1-3中。

表8-1-3　不同舆情处置的规范要领和注意事项

内容	规范要领	注意事项
完全客观的舆情		
部分客观的舆情		
完全虚构的舆情		

【秘书锦囊】扫码线上学习任务8-1-3的相关知识。

秘书锦囊（任务8-1-3）

【秘书小贴士】《韩非子·喻老》："制在己曰重，不离位曰静。重则能使轻，静则能使躁。"意思是权柄在手就是所说的重，不离本位就是所说的静。持重者能够控御轻浮者，宁静者能够克制急躁莽撞。

活页笔记

任务8-1-4　管理工作群

项目名称	任务清单内容
任务情境	天地集团公司仅总部就有大大小小近40个微信群、QQ群，这些群多多少少都有工作的成分。不少人一天到晚应付这些工作群都忙不过来。也有一些管理人员，无所事事，在群里发布各种看似与工作有关实则关联不大的消息，就是不躬身入局抓落实。
任务目标	认知工作群，熟练管理工作群。
任务要求	结合不同的舆情，完成下列任务： 1.清理工作群，建群实行审批制度。 2.群主备案，原则上由中管担任。 3.完善工作群监管，避免引发舆情。
任务思考	1.如何实行建群审批制度，接受统一管理。 2.如何落实群主备案制度，便于明确责任。 3.如何落实监管制度，避免引发舆情。

项目名称	任务清单内容
任务实施	根据任务情境的描述,设计一份应对的方案。
任务总结	通过完成以上任务,你学到了哪些知识或技能?
实施人员	
任务点评	

【画龙点睛】工作群对工作是有益的，但是不主张设立过多的工作群。工作群过多，存在意识形态的风险，实际上也会干扰正常的工作，使得员工一天到晚光看信息都应接不暇，会影响工作落实的质量与实际效果。因此必须要对工作群进行必要的管控。

【做中学】请归纳工作群管理核心点的规范要领和注意事项，并填入表8-1-4中。

表8-1-4　工作群管理核心点的规范要领和注意事项

内容	规范要领	注意事项
建群报批		
群主报备		
运行监管		

【秘书锦囊】扫码线上学习任务8-1-4的相关知识。

秘书锦囊（任务8-1-4）

【秘书小贴士】清朝名臣曾国藩多次说："天下事，在局外呐喊议论，总是无益，必须躬身入局，挺膺负责，乃有成事之可冀。"行胜于言。要善用工作群，也要管好工作群。工作群只是一个工具，不能过于夸大其作用。

活页笔记

任务8-1-5 舆论吸引

项目名称	任务清单内容
任务情境	天地集团公司所在的阳光社区，有少数升级改建的老旧小区，少数居家养老的居民生活还需要一定帮助。
任务目标	认知舆论吸引，熟练掌握舆论吸引的方法。
任务要求	结合不同的情形，完成下列任务： 1.选取舆论吸引的典型事件。 2.创意推介舆论吸引的典型事件。 3.善于化危为机，实现舆论吸引。
任务思考	1.舆论吸引中，如何选取典型事件？ 2.舆论吸引中，如何创意推介？ 3.舆论吸引中，如何化危为机？

项目名称	任务清单内容
任务实施	根据任务情境的描述，设计一份舆论吸引的方案。
任务总结	通过完成以上任务，你学到了哪些知识或技能？
实施人员	
任务点评	

【画龙点睛】舆论吸引是公共关系中的一种艺术手段，主要是指通过有效的正向传播，塑造组织形象。在办公室行政管理中，善于策划与实施舆论吸引，有助于迅速提高组织的整体形象，包括知名度与美誉度。这是提高各级各类办公室工作水平的加分项。

【做中学】请归纳舆论吸引关键点的规范要领和注意事项，并填入表8-1-5中。

表8-1-5　舆论吸引关键点的规范要领和注意事项

内容	规范要领	注意事项
选取典型		
创意推介		
化危为机		

【秘书锦囊】扫码线上学习任务8-1-5的相关知识。

秘书锦囊（任务8-1-5）

【秘书小贴士】现代公共关系之父艾维·李的公共关系思想：门户开方原则，公众必须被告知，公共关系必须讲真话。

活页笔记

任务二　危机处理

素质目标

- 通过危机处理强化政治意识。
- 通过危机处理强化系统思维。

知识目标

- 掌握应对群体事件、应对上访、应对投诉、应对疫情、应对灾害的基本理论。
- 掌握应对群体事件、应对上访、应对投诉、应对疫情、应对灾害的工作标准。

技能目标

- 熟练应对群体事件。
- 熟练应对上访。
- 熟练应对投诉。
- 熟练应对疫情。
- 熟练应对灾害。

秘言秘语

掌握化危为机、危中寻机的本领

2019年1月21日,省部级主要领导干部坚持底线思维着力防范化解重大风险专题研讨班在中央党校开班。习近平在开班式上发表重要讲话,特别提到要防范"灰犀牛"和"黑天鹅"两种风险事件发生。

所谓"灰犀牛",比喻大概率高风险事件,该类事件一般指问题很大、早有预兆,但是没有得到足够重视,从而导致严重后果的问题或事件。所谓"黑天鹅",比喻小概率高风险事件,主要指没有预料到的突发事件或问题。

在现实的办公室行政管理中,没有人敢说,不会遇见群体事件、上访、投诉、疫情、灾害。危机的出现不一定有着明显的规律,特别是疫情、灾害,甚至部分特征不明显的投诉、上访与群体事件。

当然,危机处理既是对综合素养的全面考核,也是对运行机制、管理水平的有效检验。不同的方法,危机可以互换,而且为数不少的危机往往有着内在的必然规律,止损或者防患于未然也未尝不可,就要看我们处理危机的能力。

人们的维权意识、维权能力的增强,使得危机处理的压力加大。办公室行政管理人员做好本职工作,掌握化危为机、危中寻机的本领已经成为应然与必然。

任务8-2-1　应对群体事件

项目名称	任务清单内容
任务情境	天地集团公司辞退30名员工，因为员工不满意补偿标准，发生群体事件。
任务目标	认知群体事件的主要形式；熟练应对各类群体事件。
任务要求	结合不同的情形，完成下列任务： 1.应对社会群体事件。 2.应对合作单位群体事件。 3.应对员工群体事件。
任务思考	1.如何应对社会群体事件？ 2.如何应对合作单位群体事件？ 3.如何应对员工群体事件？

项目名称	任务清单内容
任务实施	根据任务情境的描述，设计一份应对的方案。
任务总结	通过完成以上任务，你认为应如何有效地应对群体事件？
实施人员	
任务点评	

【画龙点睛】为了有效应对群体事件，任何组织都需要建立应对群体事件的工作机制。企业在应对群体事件时，首先必须确保自身的稳定，要善于化解矛盾。其次必须发动群众、讲求策略、分工负责、统一宣传口径，注重尽快恢复秩序。最后必须立足自身，谨慎考虑依托外部力量，原则上不申请使用外力。组织在应对群体事件时要注意：完善应急预案；不隐瞒、不捂盖子，及时上报；沉着冷静，依法应对。

【做中学】请归纳应对不同群体事件的规范要领和注意事项，并填入表8-2-1中。

表8-2-1 应对不同群体事件的规范要领和注意事项

内容	规范要领	注意事项
应对社会群体事件		
应对合作单位群体事件		
应对员工群体事件		

【秘书锦囊】扫码线上学习任务8-2-1的相关知识。

秘书锦囊（任务8-2-1）

【秘书小贴士】《尚书·泰誓上》："天矜于民，民之所欲，天必从之。"在法治框架内应对群体事件，社会效果优先，可散不可聚、可解不可结、可顺不可激，以教育引导为主，力争把问题解决在萌芽状态或初始状态。

活页笔记

任务8-2-2 应对上访

项目名称	任务清单内容
任务情境	天地集团公司1名员工因为无理由旷工17天,被公司开除,该员工不服,在公司门口拉横幅,引起围观,引发媒体关注。
任务目标	认知上访,熟练应对上访。
任务要求	结合不同的情形,完成下列任务: 1.有合理诉求的上访。 2.诉求不合理的上访。
任务思考	1.上访人员诉求合理,但是证据不充分且较长时间没有有效解决,如何有效应对? 2.上访人员诉求不合理,但是上访人员过于固执坚持上访,如何有效应对?

项目名称	任务清单内容
任务实施	根据任务情境的描述，设计一份应对的方案。
任务总结	通过完成以上任务，你认为应当如何应对上访？
实施人员	
任务点评	

【**画龙点睛**】应对上访，必须要：完善应急预案；在紧急情况下按规定及时上报；重大风险事项依法应对、理性处置，注重社会效果；对上访人员不能认为丢了单位面子，事后打击报复，而是要发挥社会主义制度优势，多给组织温暖，多给同事关怀，合规解决实际困难，帮助解决心理疙瘩。同时，也要坚持底线，不做无原则的妥协，更不能花钱买平安。

【**做中学**】请归纳应对不同上访的规范要领和注意事项，并填入表8-2-2中。

表8-2-2　应对不同上访的规范要领和注意事项

内容	规范要领	注意事项
应对有理上访		
应对无理上访		

【**秘书锦囊**】扫码线上学习任务8-2-2的相关知识。

秘书锦囊（任务8-2-2）

【**秘书小贴士**】《周礼》："凡民讼，以地比正之；地讼，以图正之。"即凡是民间发生争讼，要以当地的邻里人作证，凡是发生土地争讼，要以官府所藏地图作证。上访人员的诉求有道理、有证据，我们必须实事求是，依法支持，不护短；如果证据不充分，也如实相告；完全没有任何道理，也需要通过耐心的思想教育，让其依法行使权利。

活页笔记

任务8-2-3　应对投诉

项目名称	任务清单内容
任务情境	天地集团公司下属甲公司的消费者马某，自称在甲公司购买了伪劣产品，到天地集团公司投诉。马某采取过激的方式，完全不合作，严重干扰公司的正常工作。
任务目标	认知投诉，熟练应对各类投诉。
任务要求	结合不同的情形，完成下列任务： 1. 应对电话投诉。 2. 应对信件投诉。 3. 应对电子邮件投诉。 4. 应对登门投诉。
任务思考	1. 如何应对电话投诉？ 2. 如何应对信件投诉？ 3. 如何应对电子邮件投诉？ 4. 如何应对登门投诉？

项目名称	任务清单内容
任务实施	根据任务情境的描述,设计一份应对的方案。
任务总结	通过完成以上任务,你学到了哪些知识或技能?
实施人员	
任务点评	

【画龙点睛】应对投诉时,首先要查明事实,然后要依法应对,处理投诉的地方必须全程连续录像,处理过程要注意规范、讲求礼仪、化解矛盾,要保持投诉处理的现场可控,并注重与媒体的有效沟通,防止发生次生问题和引发舆情,加剧损害组织形象。

【做中学】请归纳应对不同投诉处置的规范要领和注意事项,并填入表8-2-3中。

表8-2-3 不同投诉处置的规范要领和注意事项

内容	规范要领	注意事项
应对电话投诉		
应对信件投诉		
应对电子邮件投诉		
应对登门投诉		

【秘书锦囊】扫码线上学习任务8-2-3的相关知识。

秘书锦囊(任务8-2-3)

【秘书小贴士】《封氏闻见记·匦使》:"唐武后垂拱元年置,属中书省,以谏议大夫及补阙、拾遗一人为知匦使。设方函,四面分别涂青丹白黑四色,每日暮进晨出,列于署外。"至宋太宗雍熙元年,改匦院为登闻鼓院及登闻检院。

应对各类诉求,需要强化依法处理、理性处理的系统理念,辩证地看待投诉。投诉是投诉人员实现自身利益诉求的途径,适度的投诉有助于改善组织行为。

活页笔记

任务8-2-4　应对疫情

项目名称	任务清单内容
任务情境	新冠肺炎疫情进入常态化防控阶段。天地集团公司有员工3万余人，12个分公司、子公司遍布8个省市区，个别分公司、子公司所在地刚刚被宣布为中风险地区。
任务目标	认知疫情防控，熟练应对疫情。
任务要求	结合不同的疫情，完成下列任务： 1.完善应对与处置预案。 2.完善联防与联控机制。 3.完善设施与设备准备。 4.完善信息与轨迹管理。
任务思考	1.如何完善应对与处置预案？ 2.如何完善联防与联控机制？ 3.如何完善设施与设备准备？ 4.如何完善信息与轨迹管理？

项目名称	任务清单内容
任务实施	根据任务情境的描述,设计一份应对的方案。
任务总结	通过完成以上任务,你学到了哪些知识或技能?
实施人员	
任务点评	

【画龙点睛】应对疫情具有较强的专业性，但是我们需要做好基础工作，包括日常安全管理、人员管理、信息管理，确保在遇到突发疫情时，能够架构完整，应对科学、有序。

【做中学】请归纳疫情防控的规范要领和注意事项，并填入表8-2-4中。

表8-2-4 疫情防控的规范要领和注意事项

内容	规范要领	注意事项
完善应对与处置预案		
完善联防与联控机制		
完善设施与设备准备		
完善信息与轨迹管理		

【秘书锦囊】扫码线上学习任务8-2-4的相关知识。

秘书锦囊（任务8-2-4）

【秘书小贴士】《中国疫病史鉴》记载，西汉以来的2000多年，中国古代先后发生过300多次瘟疫。但由于中医的预防和治疗，在有限的地域和时间内，控制了瘟疫的蔓延。尊重科学，重视演练、按规定做好物质储备，遇到各类疫情时，保持信息渠道的畅通，按要求科学防范，就能够在第一时间将疫情控制在最小范围。

活页笔记

任务8-2-5 应对灾害

项目名称	任务清单内容
任务情境	天地集团公司下属的一家子公司处于闹市区，因为线路老化发生火灾，子公司的消防通道被仓储部占用，门店基本没有消防设施，幸亏消防人员及时赶到，避免了重大人员伤亡和财产重大损失。
任务目标	认知灾害类型，熟练掌握应对的基本方法。
任务要求	1.有效防范与应对火灾。 2.有效应对地震。
任务思考	1.如何有效防范火灾？ 2.如何有效应对火灾？ 3.如何有效应对地震？

项目名称	任务清单内容
任务实施	根据任务情境的描述，设计一份应对火灾的方案和防范后续火灾的方案。
任务总结	通过完成以上任务，你学到了哪些知识或技能？
实施人员	
任务点评	

【画龙点睛】应对灾害，良好的心态、正确的方法最重要。在火灾中，被困人员应有良好的心理素质，保持镇静，不要惊慌，不盲目地行动，选择正确的逃生方法。发生火灾后，遇到浓烟时要采取低姿势爬行，头部尽量贴近地面。地震发生时，至关重要的是要有清醒的头脑，镇静自若的态度，这样，才有可能运用相对正确的方法逃生。

【做中学】请归纳应对灾害的规范要领和注意事项，并填入表8-2-5中。

表8-2-5 应对灾害的规范要领和注意事项

内容	规范要领	注意事项
防范火灾		
应对火灾		
应对地震		

【秘书锦囊】扫码线上学习任务8-2-5的相关知识。

秘书锦囊（任务8-2-5）

【秘书小贴士】《礼记·月令》："季春之月……命司空曰，时雨将降，下水上腾。循行国邑，周视原野，修利堤防，导达沟渎，开通道路，毋有障塞。"隐患险于明火，防范胜于救灾，责任重于泰山。未雨绸缪，平常工作做得精细，应对灾害将更加从容。

后　记

十年磨一剑，连自己都未曾足够自信的《秘书通识教育》孤独地经历了不到十年的打磨。

师者仁心，课程的建设源于普度众生的情怀。

无数职场人士，看起来能说会道，却只是人云亦云，撰写不好一个文案、用不好新媒体、安排不好一个会议，甚至排不好版、做不好简单的PPT。在职业发展的起点，或就遭遇办公室行政管理能力的制约，也就是常说的秘书职业能力的阻滞，让人扼腕叹息。

当年中国高等教育学会秘书学专业委员会主任委员王世红先生在荆州，听完我的一个关于开展秘书通识教育的研究报告后，一句不经意的鼓励，支撑我对《秘书通识教育》的研究持续至今，乐此不疲，而不问世人、旁人复杂的目光。

王世红先生说："秘书通识教育是一个宏大的事业，这个宏大的事业是他曾经想做的。各种原因，没能有效地推动。"

接力棒传到了荆州职业技术学院。传递的过程不曾轰轰烈烈；传导的过程其实冷暖自知。

《秘书之友》的王安应先生，辽宁的金常德教授在《秘书之友》2017年第8期，安排专门的版面，推出《专业跨界与通识教育并重的秘书人才培养——文秘专业建设的荆州职业技术学院模式》，让秘书通识教育走到前台，更坚定我们做实秘书通识教育的初心。

做第一和唯一从来都不是真正的秘书学人唯一推崇的事情。在没有可以借鉴的现有成果的基础上，《秘书通识教育》的研究其实充满艰辛与孤独。

无数次，在寒冷的夜晚，遭遇推脱、逃避或者敷衍，但是为数不少的秘书通识能力欠缺者的无助的哀鸣、绝望的眼神，让人无法释怀。

无法思索：我们究竟想为没有机缘接受系统秘书训练的学生提供一种怎样的服务，让即学即用的秘书通识教育为有一技之长的学子插上职业发展的"硬芯"。

好在是有中国高等教育学会秘书学专业委员会、教育部教育教指委文秘专委会诸位会长、专家长期以来的技术指导，让我们沿着梦想，少走了许多弯路。

在无数次想放弃、反复挣扎的当口，终于还是完成了对教材的研制，为所有有志于职业发展的人增加秘书通识能力的引擎。

完善的教学资源也同步上线，我们期待《秘书通识教育》教材研制团队的破冰之旅将陪伴中国秘书教育走得更长远。

肖云林

2021年1月5日

"秘书通识教育"课程标准

一、基本信息

课程类型：社会服务课程。
适用对象：非文秘专业学生，社会培训学员、社会终身学习人员为主；兼顾文秘专业学生。
开课时间：非文秘专业可以在第二学期及之后的任意学期；文秘专业建议在第五学期。
学时安排：总学时/40，讲授学时/20，实践学时/20。

二、性质与任务

1. 课程定位

"秘书通识教育"是高职文秘专业的社会服务课程，是高职非文秘专业学生同此层次社会培训学员、社会终身学习人员职业发展的核心技能课程，也可以作为高职文秘专业学生毕业前强化训练课程。

2. 课程性质

"秘书通识教育"属于理实一体化课程，主要包括形象礼仪、秘书思维、综合表达、办公技术、秘书办会、文书档案、事务服务、应急管理八个部分，以做中学的方式，培养学生从事管理岗位工作的基本办公室行政管理能力（秘书基本素养）。

3. 思政特色

本课程强化与凸显素质目标，于细微之处融入思政教学，实现润物细无声的目标。通过秘书小贴士，让学生领略中华优秀秘书文化之厚重；通过遣词造句培养学生字斟句酌的工匠精神；通过形象礼仪训练，逐步培养学生审美能力；通过应急管理，培养学生底线思维、法治思维与系统思维。

4. 双创特色

本课程属于典型的"做中学"课程。教师设计工作情境，融入思政教育元素，学生通过角色扮演、案例分析、方案设计、小组讨论等方式，参与完成秘书工作任务。在思想破冰中培养学生创新思维，稳步提高学生的双创能力。

三、培养目标

1. 素质目标

培育爱党爱国情怀、遵纪守法习惯，强化激发潜能，多渠道发展意识，树立终身学习、挑战极限理念，培育办公室行政管理综合素养，具备良好的生活情趣、审美能力，立志做社会主义事业建设者和接班人。

2. 知识目标

熟练掌握形象礼仪、秘书思维、综合表达、办公技术、秘书办会、文书档案、事务服务、应急管理的职业标准与基本规范。

3. 能力目标

熟练运用形象礼仪、秘书思维、综合表达、办公技术，熟练处理秘书办会、文书档案、事务服务、应急管理等办公室行政管理工作。

四、实施保障

1. 教学条件

多媒体教具、职教云平台微课、多媒体课件。

2. 教学方法

理论讲授法、角色扮演法、小组讨论法、案例教学法、活动教学法、现场演练法等，突出"做中学"的特点。

3. 师资要求

本课程由长期从事秘书工作的具备中级及中级以上专业技术职务的教师；从事秘书实务工作且具备基本教学能力的人员担任课程主讲教师。适当聘请在党政机关、企事业单位办公室管理岗位工作人员举办讲座。

4. 教学资源

高等教育出版社职教云平台"秘书通识教育"资源库和微信号提供的微课、视频、音频、动画、案例、图片等。

五、课程内容及学时安排

项目	任务	子任务	教学设计	建议课时
形象礼仪	职业形象	仪容仪表、着装技巧	现场演练法	4
	职场礼仪	接待礼仪、座次礼仪、商务礼仪		
秘书思维	同步思维	同步思维	理论讲授法	2
	异步思维	超前思维、继后思维		
综合表达	口语表达	讲好普通话、沟通的基本规范、沟通能力培养	角色扮演法	8
	书面表达	写作思维、应用文写作、新媒体写作	现场演练法	
办公技术	汉字书写	书写规范、科学练字	现场演练法	10
	文件制作	公文规范、文件制作		
	办公软件	文档编辑、Excel的使用、PPT的制作		
秘书办会	会前准备	编制方案、准备资源	案例教学法、活动教学法	4
	会中服务	后勤保障、有效开会		
	会议善后	会议小结、创新宣传		
文书档案	文书工作	收文处理、发文处理、归档文书整理	现场演练法	4
	档案管理	档案保管、开发利用		

续表

项目	任务	子任务	教学设计	建议课时
事务服务	日常事务	时间管理、资源管理、值班管理、印章管理	小组讨论法、现场演练法	4
	安全管理	"三防"建设、隐患排查		
应急管理	舆情应对	畅通诉求、法务管理、处理舆情、管理工作群、舆论吸引	小组讨论法、角色扮演法	4
	危机处理	应对群体事件、应对上访、应对投诉、应对疫情、应对灾害	角色扮演法	

六、考核方式及评分办法

1. 考核方式

过程考核（平时成绩，以团队作品为主）40%+结果考核（期末考试，以工作方案为主要考试内容）60%。获得相关证书的给予最高加10分的奖励。

2. 评分办法

单项百分制。

参考文献

［1］中国就业培训技术指导中心.秘书国家职业资格培训教程基础知识［M］.北京：中央广播电视大学出版社，2006.

［2］人力资源和社会保障部教材办公室.秘书基础知识［M］.北京：中国劳动社会保障出版社，2008.

［3］中国高等教育学会秘书学专业委员会.中国秘书专业资格证书教程（2015年版）［M］.北京：中国人民大学出版社，2015.

［4］吴良勤，李展.秘书职业资格考试通关指南［M］.北京：外语教学与研究出版社，2011.

［5］李赵君.汉字硬笔书法［M/OL］.武汉：武汉城市职业学院. https://www.icve.com.cn/portal_new/courseinfo/courseinfo.html?courseid=bhyxafyqgz5p7mlicxc8w.

［6］阮星.规范汉字书写［M/OL］.武汉：武汉城市职业学院. https://www.icve.com.cn/portal_new/courseinfo/courseinfo.html?courseid=ohvcafqqlzrckrypffgdaq.